gijp

Michel van Egmond

gijp

Voorwoord

Najaar, 2011

-René?

'Zeg het eens, ouwe reus.'

-Ik wil graag een boek over je schrijven.

'Nou, is toch goed, pikkie?'

-Ja?

'Tuurlijk wel. Boekie, altijd leuk.'

-Het wordt alleen niet echt een standaardbiografie.

'Niet?'

-Nee. Vind ik niet bij jou passen.

'Wat wordt het dan?'

-Meer een soort portret.

'Nou, is toch ook goed? Maakt het allemaal uit, joh.'

-Ik wil eigenlijk een paar maanden uit jouw leven beschrijven.

'Nou, dan ben je snel klaar hoor.'

-Hoezo?

'Er gebeurt niet zo veel in mijn leventje. Ik hou het lekker rustig allemaal.'

-Je weet nooit wat de toekomst nog brengt, toch?

'Ik wel, hoor.'

-Wat dan?

'Helemaal niks.'

-Oh.

'Echt, geloof me nou: dat wordt een heel dun boekje.'

-Dun?

'Ja. En heel saai.'

1. Hel

-Hoe erg is het eigenlijk, zo'n mentale inzinking?

'Best wel erg, hoor. Bah.'

-Ja, hoe erg?

'Nou, om eerlijk te zijn: het was af en toe een hel. Dat meen ik echt.'

2. 'Overal autootjes om me heen!'

Acht maanden eerder, een maandagavond op het Media Park in Hilversum. Op de redactie van het televisieprogramma Voetbal International ruikt het naar knoflook. Beeldschermen en een paar lege pizzadozen verbergen een bescheiden ploegje redacteuren. Ze zijn bezig met de voorbereidingen op de zoveelste uitzending van het seizoen. Het precieze aantal afleveringen zou niemand hier nog kunnen noemen. Iedereen is de tel allang kwijt.

Op de bureaus liggen draaiboeken. Daarin staat de volgorde van de gespreksonderwerpen die voor vanavond zijn gepland. Ze worden zelden gerespecteerd. Deze talkshow heeft zijn eigen dynamiek. Het ontwikkelt zich vanaf het moment dat presentator Wilfred Genee straks daar, achter die gele studiodeur, grijnzend goedenavond in de camera knikt en meldt dat we vandaag leven 'in het jaar tweeduizendenelf' en dat de kijker van harte welkom is bij 'alwéér een aflevering van Voetbal International'. Vanaf dat moment kunnen de gesprekken alle kanten opvliegen. De draaiboeken waar nu nog zo hard op wordt gepuzzeld, zijn dan op slag waardeloos geworden.

Iets na achten glijdt de donkere Mercedes van René van der Gijp het Media Park op. Hij vertrekt altijd op hetzelfde tijdstip uit zijn woonplaats Dordrecht, ongeacht de omstandigheden. René van der Gijp laat zich niet graag opjagen, niet door het weer, niet door het verkeer, niet door iets of iemand anders. Hij is een man van kleine, vaste gewoontes. Ze geven hem houvast. Soepeltjes laat hij zijn zwarte Mercedes de ondergrondse parkeergarage inglijden. Hij is een goede chauffeur, zoals de meeste voetballers. Tijd en ruimte lijken voor hen minder geheimen te hebben dan voor gewone stervelingen.

René van der Gijp schat dat hij jaarlijks zo'n 70.000 kilometer aflegt. Soms rijdt hij zelf, soms is hij alleen bijrijder in zijn eigen auto. Dan doet hij tussen Gorinchem en Hoevelaken even zijn ogen dicht en wordt er gestuurd door zijn persoonlijke assistente, een vriendelijke blondine die hem kriskras door het land vervoert, vaak een paar keer per week en naar alle mogelijke uithoeken van het koninkrijk. Samen trekken ze al jarenlang een vrolijke sliert langs bedrijven, instellingen, businessclubs, sportkantines en zo ongeveer elke andere exotische locatie waar men toevallig een Van der Gijp-presentatie kan gebruiken.

De populairste voetbalanalist van Nederland stapt grijnzend het studiocomplex binnen. Hij draagt Quick-sportschoenen en een spijkerbroek onder een uitbundig overhemd. Dat hemd zal straks, als het programma eenmaal begonnen is en de studiolampen gaan gloeien, zo nodig tot aan zijn navel worden open geknoopt. Voor iemand die zegt dat hij zich nooit ergens druk om maakt, begint hij soms opvallend snel te transpireren.

Grijnzend gaat Van der Gijp naar binnen. In de gang wacht een cameraman hem al op. Het lijkt erop alsof hij het niet eens opmerkt. Waar Wilfred Genee in dit soort situaties nooit de verleiding kan weerstaan de lens op te zoeken, een paar duimen op te steken, een gek gezicht te trekken of zijn vuisten even quasienthousiast samen te ballen, daar blijft René van der Gijp uiterlijk onbewogen onder de aandacht.

Hij veert richting redactieruimte.

Johan Derksen is daar zoals altijd allang gearriveerd. De hoofdredacteur van Voetbal International is een man van de klok. Hij beweert nog nooit ergens te laat te zijn gekomen, of het moet die ene keer in Amerika zijn geweest, bij zijn favoriete singer-songwriter Jimmy LaFave, een concert waarvoor hij speciaal van Amsterdam naar Tampa was gevlogen, maar dat hij volledig miste doordat de taxichauffeur de concertzaal maar niet kon vinden.

Zijn punctuele karakter verklaart ook de onuitsprekelijke woede die Derksen regelmatig voelde opborrelen toen hij nog met zijn collega Wilfred Genee dagelijks op willekeurige plekken in het land het tv-programma Doordekken opnam. Het tweegesprek tussen de gladde presentator en de onbehouwen voetbalcriticus was in potentie zeer spraakmakend, alleen keek niemand ernaar omdat het op Eredivisie Live werd uitgezonden. Hoewel Derksen er dagelijks de halve voetbalwereld in beledigde, bleven boze reacties daardoor uit. De enige die boos werd was Derksen zelf, omdat Genee van de 180 draaidagen er ongeveer 180 te laat kwam.

René van der Gijp is ook een keer te laat gekomen voor een tv-uitzending. Dat was ergens in de winter, toen Nederland bedekt ging onder een dikke sneeuwlaag en zelfs de kleinste binnenweggetjes tussen Dordrecht en Hilversum waren dichtgeslibd met stapvoets rijdende auto's. Maar gek genoeg kan Derksen tegen René van der Gijp nooit zo uitvallen als tegen Wilfred Genee. De vrolijke analyticus heeft wat alle enfants terribles hebben: je kunt niet kwaad op ze worden.

Het was destijds een merkwaardige winteravond geworden, waarbij achter de schermen iedereen bevangen was geraakt door het weeë gevoel van opkomende paniek, toen bleek dat de meest spraakmakende man van het programma zich kort voor het begin van de uitzending nog ergens op een glibberweggetje net voorbij Bunnik bevond. Iedereen was in paniek, behalve René van der Gijp dan. Die bleef de rust zelve. Af en toe meldde hij zich vanuit zijn auto vrolijk aan de telefoon. Dan vertelde hij schaterlachend dat er totaal geen schot in de reis zat.

'Ik zit he-le-maal vast, man! Overal autootjes om me heen!'

Aan niets was toen nog te horen dat hij zich eigenlijk nooit prettig voelt in files. Het is een van de kleine angsten waarmee hij al een groot deel van zijn leven worstelt. 'Het valt wel mee, hoor', zegt Van der Gijp daarover. 'Zolang we nog een beetje rijden is het niet erg, al is het maar tien kilometer per uur. Maar wanneer we helemaal stil staan, vind ik het minder leuk. Daar word ik altijd een beetje ongemakkelijk van. Ik heb hetzelfde met boten, vooral als ze door een ander worden bestuurd. Doe je mij geen plezier mee, een feestje of een lezing op een boot. Daar begin ik liever niet aan. Het idee dat ik niet weg kan op het moment dat ik dat wil... Nee, dat vind ik niet prettig.'

Maar prettig of niet: die keer gebruikte hij de file om alsnog op bescheiden wijze televisiegeschiedenis te schrijven. René van der Gijp werd die avond de eerste voetbalanalist ter wereld die zijn visie op de beelden gaf vanuit een warme, zwarte Dodge, ergens langs een ingesneeuwde snelweg richting Hilversum.

Maar dat was toen.

Nu komt René van der Gijp de redactieruimte binnen en ziet Johan Derksen in de vensterbank staan. De hoofdredacteur van Voetbal International hangt met zijn hoofd en zijn bovenlijf half uit het raam. Zijn linkerarm wappert in de buitenlucht, tussen zijn vingertoppen klemt een sigaar met de afmeting van een bazooka. Er geldt hier in het hele pand een rookverbod, maar Derksen kan daar maar moeilijk aan wennen.

Vroeger, toen Voetbal International nog Voetbal Insite heette, werd Derksen juist met klem verzocht op tv zo véél mogelijk sigaren op te steken. De rookwolken die hij destijds continu richting presentator Ruud ter Weijden blies, en die af en toe als kleine donderwolkjes boven de tafel bleven hangen, werden toen nog door de regisseur als 'gezellig' beoordeeld. Maar inmiddels is de asbak bij wet van tafel verdwenen. Daardoor is Derksen al jarenlang gedwongen achter de schermen een privéoorlog uit te voeren met de studiobeveiligers, brede, soms kale mannen, die er inmiddels een neus voor hebben ontwikkeld te ontdekken waar de hoofdredacteur (62 jaar) er stiekem een opsteekt.

Vandaar dat hij nu dus in de vensterbank staat. Hoofdschuddend neemt hij bij het open raam nog snel een paar clandestiene trekjes. Het is nog vroeg, de uitzending begint pas over een halfuur, maar de eerste Van der Gijp-lach weerkaatst alweer als een luchtalarm door de gangen van de Hilversumse studio.

3. Harken

'Weet je wat het met mij is?'

-Nee, René?

'Ik kan me verheugen op kleine dingetjes.'

-Wat voor kleine dingetjes?

'Gewoon, kleine dingetjes.'

-Zoals?

'Kan van alles zijn.'

-Noem eens wat?

'Bijvoorbeeld: 's middags lekker broodje eten.'

-Aha. En wat nog meer?

'Krantje uit de brievenbus halen.'

-Ga door.

'Stukje fietsen. Zwembad schoonmaken. Voetbalwedstrijdje kijken. Even iemand bellen. Autootje wassen.'

-Autootje wassen? Kom op!

'Echt. Ik geniet van die dingen. Kleine dingetjes, die de dag breken. Dan lig ik op de bank, drankje erbij, alle zaterdagkranten op een stapeltje. Lekker. Af en toe val ik even in slaap. Heerlijk is dat. Daarna ga ik weer verder met lezen. Of ik hark even de tuin aan.'

-Je harkt even de tuin aan?

'Ja, man! Weet je hoe lekker ik dat vind? Lekker de tuin aanharken. En dan weer terug naar het bankje.'

-En eind van de middag in de sauna zeker?
'Tuurlijk. Saunaatje aan, misschien even zwemmen. En dan gaan we alweer lekker voetbalwedstrijdjes kijken, hè?'

4. 'Onderbroekies keurig op een stapel, schoentjes op z'n plek'

In Hilversum neemt Johan Derksen plaats op een stoel voor een spiegel. Er wordt een laagje make-up rond zijn snor aangebracht. René van der Gijp ziet het vanaf een afstandje geamuseerd aan. Hij moet straks ook worden opgemaakt, maar hij gaat nooit als eerste. Wanneer hij binnenkomt wil hij eerst iedereen een hand geven, even op de bank zitten, een praatje maken en de laatste nieuwtjes en roddels uitwisselen. Het liefst over voetbal, maar het mag ook best gaan over de omstandigheden op de weg, over schnabbels die zijn afgezegd dan wel zijn aangenomen, over wat hij op tv heeft gezien, ergens heeft gelezen, of van een van zijn vrienden aan de telefoon heeft gehoord. Pas als dat allemaal is afgewerkt, is hij klaar voor stap twee. Het meisje van de make-up weet dat. Ze houdt er rekening mee dat hij is gehecht aan dit soort kleine rituelen. Het is haar inmiddels bekend dat Van der Gijp het liefst heeft dat verder ook elke andere vorm van aansporing achterwege blijft. Ze vraagt hem daarom nooit plaats te nemen. Altijd wacht ze geduldig af tot hij zelf de tijd rijp acht om voor haar spiegel te gaan zitten.

Het is nog minder dan tien minuten voor aanvang van Voetbal International. René van der Gijp lijkt met zijn hoofd overal bij, behalve bij de aanstaande uitzending. Liever staart hij nu een tijdje gebiologeerd naar de schoenen van zijn collega. Die zijn vandaag voor de verandering gifgroen.

'Zeg Johan', vraag hij met een zo serieus mogelijk gezicht. 'Heb jij nou nog lang getwijfeld, toen je die schoenen in de etalage zag staan?'

Derksen antwoordt met een langgerekte geeuw. Hij is moe. René van der Gijp niet. Die heeft het vandaag weer lekker rustig aan gedaan.

Dat doet hij graag, rustig aan. René van der Gijp heeft het liefst dat elke dag zich zo rimpelloos mogelijk aan hem openbaart. Dat was tijdens de WK-uitzendingen van het televisieprogramma VI Oranje ook de reden dat zijn hotelsuite in het Kurhaus zó groot was, dat je er met gemak een autoshow in kon houden. Hij is zeer gesteld op comfort. Altijd al geweest. Vroeger, als middelbarescholier, kwam hij tot verbazing van zijn klasgenootjes weleens met de taxi naar school. Nu, als vijftiger, liet hij zijn persoonlijk assistente in aanloop naar de eerste uitzenddag in het Kurhaus vooruit reizen met z'n koffer, zodat hij zijn presidentiële suite bij binnenkomst in elk geval een beetje gebruikersvriendelijk zou aantreffen. Ze had zijn scheerspullen een plekje gegeven in de badkamer en de kussens alvast eens lekker opgeschud. Ook had ze aan de zeekant twee ramen op strategische wijze tegen elkaar opengezet, zodat er tenminste een aangenaam briesje over het hoogpolig tapijt zou glijden wanneer de kleine prins uit Dordrecht – een uurtje later dan zijn eigen koffers – hoogstpersoonlijk zou arriveren. 'Lekker man!', zei hij destijds op het hotelterras over die hele operatie, 'dat je dan aankomt en al je overhempjes hangen al netjes in de kast. Heerlijk toch? Onderbroekies keurig op een stapel, schoentjes op z'n plek. Goed, man! Lekker. Niks mis mee.'

In Hilversum heeft René van der Gijp nu halfliggend plaatsgenomen op de bank. Hij vertelt vol enthousiasme over zijn dag, hoewel die verdacht veel leek op de dag daarvoor en de dag dáárvoor. Alhoewel: vanochtend is hij vroeg opgestaan. In tegenstelling tot andere ochtenden, waarop hij na een nacht lang voetbal kijken soms rond tienen nog in een diepe slaap gedompeld is, had hij nu al ver vóór achten zijn eerste analyse met het Nederlandse volk gedeeld. Dit keer via een telefonisch interview met een radiostation. Daarna was het in Dordrecht 'krantjes halen en broodje eten', een vast ochtendritueel, meestal gevolgd door wat surfen langs voetbalbeelden op z'n iPad en misschien een telefoongesprekje met z'n vrienden Mario Been, de trainer van Racing Genk, de acteur Maarten Spanjer, Feyenoords clubarts Casper van Eijk of met Rob Jansen, die ook zijn zaakwaarnemer is.

Een groot deel van de ochtend had hij het huis opgeruimd terwijl er eigenlijk niets viel op te ruimen, want René van der Gijp is een schoon mens. Vervolgens was hij in zijn Dodge gestapt en op z'n gemak naar eetcafé Het Wapen van Reeuwijk gereden, waar hij aan het water een uitsmijter had gegeten, een koffie, een jus d'orange en twee glaasjes melk had gedronken en zijn wekelijkse column voor VI had gedicteerd. De meeste inspanning had hij later die maandagmiddag verricht, toen hij op z'n mountainbike een stukje was gaan fietsen in de Biesbosch. Daarna was hij weer naar huis gegaan.

René van der Gijp is graag thuis. Hij woont in een lage bungalow aan de rand van een rustig park in een nog rustiger deel van Dordrecht. In de achtertuin ligt een bescheiden zwembad, aan de voorkant staan twee grote auto's op de oprijlaan. De donkere Dodge en een Mercedes. Ook donker van kleur. Ze glimmen altijd. Ook binnen, in het huis, is alles opgepoetst, afgestoft en netjes opgeborgen, want hij houdt van orde om zich heen. Het is een karaktertrek die hij deelt met een aantal van z'n vrienden. Ook Mario Been slaat zelden een dag over met stofzuigen en veegt aan tafel ook altijd allemaal broodkruimels weg die er helemaal niet zijn. En Johan Derksen, die naar verluidt eens per etmaal het interieur van zijn auto grondig reinigt, dat is misschien nog wel de grootste controlfreak van het hele stel. Alleen al de opstelling van zijn imposante verzameling voetbalboeken, die in zijn werkkamer tot aan het plafond reikt en met militaire precisie in de kasten is geplaatst, zegt veel over het secure karakter van de eigenaar. De naslagwerken staan rug aan rug, kaarsrecht, als een peloton goed afgerichte soldaten. Mocht er één scheef staan, dan is zijn hele ochtend verpest. 'Als ik thuis op mijn deurmat de Vara Gids vind met een vouw erin dan gooi ik hem weg', vertelt Derksen daar altijd over, want voor elke fobie heeft hij een bijpassende anekdote. 'Kan ik niet tegen, een gekreukelde Vara Gids. Dan ga ik een nieuwe halen. Eentje zonder vouw.'

René van der Gijp heeft ook dergelijke trekjes. Ook hij heeft de neiging elk koffiekopje na gebruik direct af te wassen en is de hele dag door bezig dingen recht te leggen die allang recht lagen. 'Maar ik hecht helemaal niet aan spullen hoor', zegt hij. 'Dat meen ik echt. Ik zit nergens mee. Er is weleens bij me ingebroken. Zat de volgende dag, aan het einde van de middag, al een mannetje van de verzekering naast me. "Wat is er allemaal weggehaald, meneer Van der Gijp?", vroeg dat mannetje. *Geen idee, ouwe reus*, zei ik toen, *ik heb nog niet gekeken.* Dat vond hij gek, dat ik niet eens de moeite had genomen om te zien wat er gestolen was. Uiteindelijk vroeg hij wat hij moest doen. Toen zei ik: *Weet je wat, laten we het afmaken op vijfhonderd euro. Zijn we overal vanaf joh.* Echt waar, ik hecht nauwelijks aan spullen. Ik heb inderdaad een zwembad en een saunaatje in mijn huis en voor de deur staan twee grote auto's. Maar als ik morgen wakker word en alles is weg, dan stort mijn wereld niet in. Die dag dat er inbrekers in mijn huis waren geweest, hadden ze wat horloges en een fototoestel gejat. Dat bleek later allemaal, want ik had die dingen nog geen moment gemist. Sommige mensen kunnen zich dat niet voorstellen. "Jij had toch vroeger een boot?", zeggen ze dan tegen me, "mis je die nou nooit?" Nou nee, eerlijk gezegd niet, nee. Ik bedoel: het is wel lekker zo'n bootje, maar het is ook een hoop gedoe. Je moet er toch elke keer heen, zeiltje eraf halen, beetje schoonmaken. Nee, het is in de praktijk net zo leuk, als dat het lastig is. En dan dat tanken. Moet je eerst wachten, omdat er vijf anderen voor je aan de beurt zijn... Wat een gedoe, zeg. En àls je dan eenmaal vaart, dan is het ook de bedoeling dat je al die andere mensen in een bootje groet. Wist je dat? Dat doen ze graag, hè, bootjesmensen? Voordat je het weet zit je op dat water een uur naar allemaal wildvreemden te zwaaien. Nee, achteraf gezien ben ik blij dat ik van die boot af ben. Ik heb nu een fiets. Veel lekkerder. Tanken hoeft niet. En er is niemand die je groet.'

René van der Gijp woont alleen. Hij heeft wel een vriendin – Daniëlle, de moeder van zijn tienjarige zoontje

Nicky – maar die kreeg van hem een huis een paar straten verderop. Ze zien elkaar een paar keer per week. Soms eet hij er. Slapen doen ze apart. Samenwonen in de traditionele zin van het woord heeft hij wel een paar jaar geprobeerd met zijn eerste vrouw Jacqueline, de moeder van zijn oudste zoon Sanny (22). Het werd geen succes. Hij acht zichzelf er niet geschikt voor.

'Het is zo'n gedoe, dat samenwonen. Je bent eigenlijk de hele dag zwijgend compromissen aan het sluiten met elkaar. Vreemd. Waarom doen mensen dat? Ik heb helemaal geen zin om bij het wakker worden rekening te moeten houden met iemands humeur. En andersom wil ook mijn eigen eigenaardigheden niet opdringen aan iemand anders. Sommigen vinden dat egocentrisch, asociaal. Dat mag. Maar je kunt het ook anders zien. Je kunt ook zeggen: het is juist heel sociaal wanneer je de ander vrij laat, niets opdringt, niet eist dat iemand zich aan jouw karaktertje aanpast. Gelukkig heeft Daniëlle mij geaccepteerd zoals ik ben. Tsja, en verder.... Ik heb in het leven een route uitgestippeld waarin ik me het lekkerst voel en waarbij ik zo min mogelijk andere mensjes pijn probeer te doen. Meer is er eigenlijk niet over te zeggen.'

5. Uitstraling

'Weet je wie uitstraling had?'

-Nou?

'Peter Post.'

-Tja.

'Zó. Peter Post, man. Wát een kerel. Ik heb hem een keer op de Antillen ontmoet. Hebben we een tijdje contact gehouden. Daar kon ik nou uren ademloos naar luisteren, naar die man. Over wielrennen, over voetbal, over mensen, maakt niet uit. Hij kwam weleens naar Zwitserland toen ik daar voetbalde bij FC Aarau. Zaten we uren te praten. Daar stak je nu echt iets van op, van Peter Post. Als er maar vijf van zulke mensen in de voetbalwereld zouden rondlopen, waren we van alle problemen af. Dan was de hele bedrijfstak gered.'

-Hij was zo ongeveer de enige ter wereld die jou tot een vorm van vrijwillige beweging kon aansporen.

'Op Aruba zei hij tegen me dat ik tien kilo moest afvallen. En dat hij me drie weken later in Zwitserland zou komen opzoeken. Maar dan zou-ie wél eerst bellen, want als ik nog te zwaar was, dan kwam hij niet. Dat werkte bij mij. Maar weet je waarom? Puur omdat ik die man graag weer wilde zien. Hij is inderdaad de enige die mij aan het lopen heeft gekregen. In mijn vakantie nog wel. Het was bijna dertig graden, maar ik liep me het schompes. Dat kwam door hem, door Peter Post.'

-Maar wat was het dan precies, dat speciale van hem?

'Dat is niet uit te leggen, man. Peter Post had iets onaantastbaars over zich. Een gewéldige uitstraling. Hij reed ook altijd in Mercedessen, jongen... Daar mocht hij van Schiphol mee op de landingsbaan, zó groot waren die.'

6. 'Als je niets verwacht, kan het ook niet tegenvallen'

Er bestaan nog jeugdfoto's van René van der Gijp. Daarop zie je hem op het strand op een plastic bal zitten, breed lachend en met natte haren in een plastic teil, of samen met zijn vader, rijdend op een ezeltje langs de zee. 'Ik was een makkelijk kind volgens mijn moeder', zegt hij over zijn jeugd, niet zijn favoriete gespreksonderwerp. 'Ik was rustig, volgzaam. Als ze zeiden: ga op die stoel zitten, dan ging ik op die stoel zitten. Als ze zeiden: kom er maar weer vanaf, dan kwam ik er vanaf. Geen probleem. Ik heb een geweldige jeugd gehad, meen ik echt. En dat is een zegen hoor. Hoeveel mensen ken jij die niets op hun ouders aan te merken hebben, helemaal niets? Niet veel, denk ik. Maar ik ben er zo een. Ik heb een pri-ma jeugd gehad. Heel veilig. Mijn moeder was altijd thuis als ik uit school kwam. En ze had altijd eten voor me, of ik nu vroeg weg moest voor een wedstrijd of juist laat terugkwam van het trainen. Nee, ik had het heel prettig thuis. Alleen op school was ik een vervelend ventje. Leraren konden mij wel doodschieten. Met hen heb ik altijd dezelfde verhouding gehad als later met mijn trainers: moeizaam. Ik deed ook niet veel, behalve rotzooi trappen. Ik heb er uiteindelijk een mavodiploma aan overgehouden, maar dat was vooral de verdienste van mijn buurman. Ik was wereldkampioen afkijken. Ik heb nog geprobeerd op die manier ook een havodiploma binnen te slepen, maar dat is mislukt. In de vierde ben ik gestopt. Ik hoorde dat je in totaal 45 boeken moest lezen voor je eindexamen, sommige ook nog in een andere taal dan het Nederlands. Toen ben ik gaan rekenen. Ik schatte dat ik ongeveer 63 jaar zou zijn, voordat ik bij de laatste pagina zou zijn aanbeland. Dat leek me een beetje oud. Ben ik gestopt en fullprof geworden. Bij Sparta. Voor 1500 gulden in de maand. Bruto.'

'Mijn vroegste herinneringen spelen allemaal rond het voetbal. Toen ik zeven, acht jaar was, ging ik al met mijn vader mee naar zijn trainingen. Hielp ik al mee de keepers in te trappen. Ger Reitsma, van Zwart-Wit '28 bijvoorbeeld. Mijn moeder was altijd thuis en regelde daar alles, eten, drinken, het hele gedoe. Ze waren ook enigszins op zichzelf, mijn ouders, net als ik nu. Zelfs op verjaardagen was het bij ons niet druk. Mijn ome Freek, dat was de enige die er dan altijd was. Maar verder waren er nooit veel mensen bij ons thuis. Ik kan me ook niet herinneren dat ik veel vriendjes over de vloer had. Maar daar had ik ook geen behoefte aan, want thuis had ik alles. Mijn jongste zoon lijkt in sommige opzichten wel op mij. Hij is ook heel makkelijk, niet opstandig. Maar hij is wel iemand van veel vriendjes. Soms hoor ik weleens dat er acht van die mannetjes over de vloer zijn. Dat had ik nooit. Als kind had ik al vaak genoeg aan mezelf. En dat heb ik eigenlijk nog steeds.'

De eerste keer dat het grote publiek uitgebreid kennisneemt van het nihilistische bestaan van René van der Gijp, was vlak voor de uitzendingen van VI Oranje in 2010. In aanloop naar de hype werd hij door journaliste Steffie Kouters voor het Volkskrant Magazine aan de tand gevoeld. Hij vertelde toen uitgebreid over zijn verlangen naar tijdelijke eenzaamheid, over de stilte van thuis als tegenhanger voor de drukte onder zijn hersenpan en over zijn opvallende gebrek aan competitiedrang. 'Als je niets verwacht, kan het ook niet tegenvallen', stond er boven dat verhaal.

René van der Gijp leek zich nergens druk om te maken. 'Ik hoor nu alleen maar om me heen hoe zwaar het gaat worden om 35 dagen achter elkaar televisie te maken', zegt hij in dat interview. 'Maar of ik nou thuis zit of daar. Ik heb in mijn leven nooit enige druk gevoeld. Ik ben ook nog nooit zenuwachtig geweest. Ik denk dat ik een hartslag heb van 73. En bij VI aan tafel van 43. Overspannen geldingsdrang, dat zie ik vaak op televisie. Ernstige vormen van zelfoverschatting. Wandelende handgranaten.'

Niemand, ook René van der Gijp zelf niet, weet dan nog dat hij halverwege de cyclus van VI Oranje al zal besluiten regelmatig een bètablokker onder zijn tong te leggen, een medicijn dat doorgaans wordt gebruikt om de ongemakkelijke lichamelijke uitingen van spanning te maskeren, zoals trillen en een verhoogde hartslag.

7. Bed

-Hoe laat ga je meestal naar bed?
'Uurtje of vier, half vijf 's nachts.'
-En wat doe je dan al die tijd?
'Niks. Alle herhalingen van de talkshows en de andere programmaatjes bekijken. Pauw & Witteman, De Wereld Draait Door, Boulevard.
-Boulevard ook?
'Tuurlijk man. Van de week zag ik Estelle Gullit nog in Boulevard. Ik ga meer schrijven, zei ze. Toen dacht ik: ja, kerstkaarten.'

8. 'Ik kreeg het idee dat die chinees naar buiten kwam'

Huismus of niet, vanochtend heeft Van der Gijp dan toch zijn fort in Dordrecht verlaten en zit nu hier, in de make-upstoel van de Hilversumse studio, met zijn ogen dicht terwijl hij wordt opgemaakt. Het is minder dan een kwartier voor de uitzending van Voetbal International. De poederkwast vliegt vluchtig langs zijn gezicht.

'Zo', zegt het meisje van de make-up. 'Klaar.'

'Oortjes?', zegt Van der Gijp.

'Wat zeg je?', vraagt het meisje.

'Mijn oortjes. Doe je die niet?'

'Natuurlijk. Als jij dat wilt....'

'Ja, tuurlijk! Lekker man! Oortjes, altijd doen. Is toch heerlijk?'

'Oké. Is goed hoor', zegt het meisje.

'Horen er ook bij, hoor, de oortjes', zegt Van der Gijp. 'Ja, toch lieverd?'

De ex-voetballer heeft zich de afgelopen jaren een aparte manier van uitdrukken aangeleerd. Hij spreekt een eigen taaltje, soms staccato ('Lekker toch? Niet dan? Ja toch? Daarom joh!'), soms juist heel lijzig ('Hé, kom op hé, ik bedoel, man-man-man, jij bent het toch zeker wel met mij eens, dat...'). Hij noemt zowel mannen als vrouwen 'lieverd' of 'lieve schat'. Maar meest karakteristiek is zijn neiging om woorden te verkleinen die daar helemaal niet om vragen. Praat met René van der Gijp over de Tweede Wereldoorlog en hij heeft het binnen een paar minuten over 'Hitlertje.'

Hij is altijd al gevoelig geweest voor accenten. Het lijkt erop dat hij niet alleen mensen uitvoerig observeert, maar soms zelfs een deel van hun karaktertrekken tijdelijk overneemt. Stuur hem een week met Rob Jansen op vakantie en hij begint als vanzelf Haags te spreken. En in Lokeren voetbalde hij relatief kort, maar nog steeds heeft René van der Gijp er een hekel aan om interviews met zichzelf uit die tijd terug te luisteren. Hij stoort zich aan het ontluikende Belgische accent dat hij in zijn eigen woorden hoort doorklinken.

In de Hilversumse studio repeteren cameramensen voor de laatste keer de openingscene van het programma. De huisband van Danny Vera gooit er nog maar eens een Elvis-klassieker tegenaan. Op de redactie wordt de iets te laat binnengestormde Wilfred Genee snel bijgepraat over de inhoud van het draaiboek. Nog een paar minuten. Het mag dan bepaald niet de eerste aflevering van Voetbal International zijn, overal in het pand begint nu toch een lichte opwinding voelbaar te worden. Behalve dan in de redactieruimte. Daar heerst onder Johan Derksen, Jan

Boskamp en René van der Gijp de ongedwongen sfeer die je eerder in een dorpscafé verwacht.

Van der Gijp vertelt er een anekdote uit zijn spelerstijd. Ditmaal over die keer dat hij op zijn verjaardag met PSV tegen Anderlecht moest voetballen. 'Wim Suurbier, Mario Been, Maarten Spanjer en nog een paar jongens zouden bij mij langskomen om mijn verjaardag te vieren. Ze hadden er zelfs speciaal een bus voor gehuurd. Ik moest gewoon nog voetballen die avond, dus we hadden afgesproken dat ze er om zes uur 's avonds zouden zijn. De aftrap was om half acht. Maar toen ik die ochtend om negen uur nog lekker in mijn bedje lag, hoorde ik al getoeter bij mij in de straat. Zag ik die bus al staan. Suurbier zat op het dak naar me te zwaaien. Ik liep nog in mijn pyjamaatje, maar de rest kwam al met slingers en andere toestanden mijn tuin inlopen. Het was heel gezellig. Alleen om een uur of twaalf kregen die jongens allemaal enorme dorst. En om twee uur zei er één tegen mij: "Kom op René, je kunt best één biertje nemen. Het duurt toch nog lang voordat de wedstrijd begint". Nou, en dat heb ik toen gedaan.'

De opnameleider van het programma komt binnen.

'Heren, gaan jullie mee naar de vloer?' Hij wijst naar de studio. Daar zit het publiek van Voetbal International al te wachten. Maar er reageert niemand. 'Nog vier minuten, dan beginnen we.' Ter verduidelijking wijst hij nog maar even op een denkbeeldig horloge.

'Is goed, ouwe reus', zegt René van der Gijp. Daarna gaat hij gewoon verder met vertellen over zijn verjaardag.

'Het was een heel leuke dag, dat meen ik echt. Alleen waren die jongens zó vroeg van huis weggegaan, dat ze om vier uur 's middags al stierven van de honger. Wij naar de chinees met die bus. Zij wisten de weg niet, dus ik moest ook mee. Toen was het: "René, eet nou gewoon even mee. Je moet toch iets binnen hebben voordat je straks gaat voetballen?" Heb ik een gigantisch bord babi pangang gegeten. Met bier. Wel lekker hoor, maar het lag toch een beetje zwaar op de maag. Zó! Ik had het gevoel dat ik op exploderen stond. Maar dan moest ik maar snel een Irish coffee nemen, zeiden ze. Dat zou wel helpen. Dus dat deed ik. Ik nam er een paar. Voor de zekerheid. Dat was niet goed natuurlijk. Het hielp niets, ik werd alleen maar heel erg dronken.'

De opnameleider lacht mee en schraapt dan zijn keel. 'Jongens, gaan jullie mee?' Ter aanmoediging klapt hij een paar keer met een opgerold draaiboek in zijn handen. Het heeft allemaal weinig effect. 'Weet je wat ook niet echt hielp?', zegt René van der Gijp, 'dat ik in die wedstrijd tegenover een heel fitte, jonge linksback uit Denemarken stond. Ik zweer het je, een soort verbeterde versie van

Manolev. Daar werd ik gek van. Die gozer kwam alleen al in de eerste vijf minuten drie keer op. Nou, en toen gebeurde het. Ik werd bij de cornervlag niet lekker. Ik heb daar voor mijn gevoel wel vijf minuten met mijn handen op mijn knieën gestaan. Ik kreeg het idee dat die chinees naar buiten kwam. Echt. Hans Kraay sr. zag het op de tribune gebeuren. Die had het door. Hij heeft toen tegen Jan Reker, de trainer, gezegd: onmiddellijk wisselen. Ben ik zó, in mijn PSV-spullen, die bus weer ingestapt en heb ik me naar huis laten rijden. Nog voor het laatste fluitsignaal zat ik alweer in mijn eigen tuin. En weet je wat die gasten zeiden? " René, je hebt weliswaar maar tien minuten meegedaan, maar je speelde helemaal niet slecht." Ha! Dat zijn nog eens vrienden.'

'Heren!'

De stem van de opnameleider is inmiddels een toonhoogte gestegen. 'Nog twee minuten voor uitzending!' Hij begint nu met zijn ene hand richting studio te wijzen. Met de andere hand maakt hij de draaiende bewegingen zoals je verkeersagenten ook wel ziet doen. 'Kom op nou, jongens!', roept hij, 'we moeten beginnen!'

Op de achtergrond is te horen hoe Danny Vera nog snel zijn gitaar stemt. Nog even en zijn drummer zal aftikken voor de zoveelste begintune van Voetbal International. Grijnzend loopt René van der Gijp als allerlaatste de studio binnen. Het publiek begint te klappen. Bij hem nét iets harder dan bij de rest. Hij knipoogt. In het voorbijgaan knijpt hij de opnameleider even zachtjes in zijn nekvel.

'Maak je niet druk hé, ouwe reus', zegt René van der Gijp, voordat hij richting stamtafel zweeft, breed lachend, handen in de zakken, ogenschijnlijk zo licht als een veertje.

9. Controlfreak

-Weet je wat jij bent?

'Nou?'

-Een controlfreak.

'Welnee.'

-Jawel hoor.

'Echt niet. Ja, ik ben misschien wel een controlfreak, maar dan alleen ten opzichte van mezelf. Ik wil mijn eigen leven zo veel mogelijk in de hand houden, dat klopt. Maar ik heb helemaal niet de behoefte ook nog het leventje van iemand anders te controleren. Schei eens uit.'

-Lekker laten gaan, zeker?

'Tuurlijk, man. Laat lekker gaan.'

10. 'Ik geloofde Rinus Michels nooit'

Een zonnige maandagochtend. Op het terras van Het Wapen van Reeuwijk, een rustig eetcafé langs kabbelend water, legt René van der Gijp zijn mes en vork neer.

'Gisteren was mijn ome Cor jarig.'

Hij pakt een servet en veegt wat eigeel uit zijn mondhoek.

'Tachtig.'

Het is lunchtijd, zijn favoriete dagdeel. Al gaat er natuurlijk niets boven de stilte van de nacht.

'Goed hè, van ome Cor? Is toch hartstikke goed? Dat-ie tachtig is geworden?'

Een grote slok melk. Weer veegt hij zijn mond af.

'Mooi man, mijn ome Cor. Ja... Mooi mannetje. Ha!'

Ome Cor is Cor van der Gijp, de broer van zijn vader Wim. Hij is de beroemdste speler uit het vermaarde Dordtse voetbalgeslacht Van der Gijp. Hoewel de gloriedagen van Cor van der Gijp zich afspeelden in de jaren vijftig en zestig, is hij ook nu nog, bijna een halve eeuw na zijn laatste doelpunt in De Kuip, Feyenoords topscorer aller tijden.

In zijn huis in Dordrecht heeft René van der Gijp zijn beroemde voorgangers bijna levensgroot en zelfs enigszins plechtig ingelijst aan de muur gehangen. Hoewel hij er nooit over zal opscheppen, is hij trots op zijn afkomst. Hij heeft er niet voor niets een speciaal kamertje voor ingericht. Daar is zijn vader Wim, eenmalig international, postuum weer herenigd met diens broers Janus, met Cor en met Freek, net als vroeger, toen ze grotendeels met z'n vieren de beruchte voorhoede van de Dordtse volksclub Emma vormden. Janus rechtsbuiten, Wim rechtsbinnen, Freek linksbuiten en Cor in de spits. Achter hen, op het middenveld, stond dan ook nog Jur van der Gijp. Dat was een volle neef.

Wim van der Gijp was een uitgekookte en hardwerkende rechtsbinnen, technisch vaardig maar verder in alles de tegenpool van zijn zoon René. Waar Van der Gijp junior er desnoods hele wedstrijden lang als een standbeeld bij kon staan, op middagen dat het niet wilde of de omstandigheden hem niet aanstonden, was zijn vader Wim juist altijd in beweging, bloedserieus en plichtsgetrouw hard werkend voor het elftal. Hij speelde één keer in Oranje.

'Het was bij ons thuis niet zo bijzonder om voor het Nederlands elftal te worden opgeroepen', zegt René van der Gijp, als hij terugdenkt aan de dag dat hij zelf voor het eerst een officiële KNVB-uitnodiging op de deurmat vond. 'Ik zal niet zeggen dat er schouderophalend op werd gereageerd door mijn ooms...Maar het scheelde niet veel.'

Met zijn vijftien wedstrijden voor het Nederlands elftal zou hij uiteindelijk zowel die ene van zijn vader, als die dertien van zijn ome Cor overtreffen. Toch moet je in zijn huis goed zoeken naar de herinneringen aan zijn sportieve hoogtepunten. René van der Gijp is geen verzamelaar. Zijn oude shirts heeft hij geruild, weggegeven of is hij in de loop der jaren kwijtgeraakt. Aan de muren van zijn huis hangen schilderijen van anderen, geen ingelijste foto's van zichzelf, op een tamelijk anoniem gedeelte aan het einde van de gang na. 'Ik moet altijd een beetje lachen wanneer ik bij oud-voetballers thuis kom die hun woning na hun carrière in een soort privémuseum hebben veranderd. Ingelijst shirtje hier, bekertje daar, een vitrine vol medailles... Dat heb ik nooit gehad. Mijn ooms en mijn vader ook niet trouwens. Bij geen van tweeën heb ik ook één foto van henzelf kunnen ontdekken. Kwam niet in ze op.'

Hij mag zich dan, geheel in de familietraditie, niet op de borst kloppen over zijn interlandloopbaan, hij kan er wel smakelijk over vertellen. Bij voorkeur over zijn jaren onder Rinus Michels. Als het moet verzorgt René van der Gijp een avondvullend programma over De Generaal, want die heeft al die tijd voornamelijk op zijn lachspieren gewerkt.

Ook hier, op het terras aan het water, inspireert alleen al het uitspreken van de naam Michels hem tot allerlei bespiegelingen, want René van der Gijp filosofeert over niets liever dan over voetbal. Dat is hij ook zo gewend. Bij de familie Van der Gijp thuis was praten over voetbal vroeger tot kunst verheven.

'Weet je wat het is met Rinus Michels? Ik heb bij hem altijd het vermoeden gehad dat het allemaal één groot toneelspel was. Ik geloofde hem niet.' Hij zwijgt, neemt een hap en kauwt. Intussen wacht hij op een volgende inval. Van der Gijp associeert en formuleert zoals hij vroeger voetbalde: intuïtief, avontuurlijk. 'Echt, ik zweer het je: Rinus Michels was de Pierre Bokma van het Nederlandse voetbal. Ik heb altijd het idee gehad dat hij gewoon op een goede dag besloot de bullebak te gaan uithangen. En dat hij toen heeft gedacht: hé, dit werkt, hier ga ik mee door. Dat, als-ie dan thuiskwam, dat hij dan zijn schoenen uitdeed, zijn pantoffeltjes aantrok en een heel andere Rinus Michels werd.'

Hij begint te lachen. Opeens ziet hij het allemaal zó voor zich. 'Dat-ie dan opeens ging staan koken of zo! Met zo'n schort voor! En dat zijn vrouw dan vanuit de huiskamer allemaal dingen naar hem riep. "Rinus, zet jij de cake vast even in de oven?" Of: "Vergeet je niet de poedersuiker op te bergen?" Dat soort dingen, weet je wel?'

Zo gaat het nog een tijdje door. 'Ik vond Michels een fascinerende man. Een keer stond ik naast hem te plassen.

Liet ik expres een keiharde wind. Hij vertrok geen spier. 'Mag ik dat geluid nog één keer horen?', zei hij toen, met die stem van Kees Schilperoort.' En dan, de waarschijnlijk grotendeels apocriefe maar daarom niet minder klassieke anekdote: 'In de dug-out van het Nederlands elftal kroop ik steeds dichter tegen hem aan. Werd-ie niet vrolijk van, die Rinus. Na een tijdje was hij zo ongemakkelijk, dat ik naast me hoorde: "Gijp, d'r in." Zo ben ik aan die vijftien interlands gekomen.'

De causeur Van der Gijp raakt op stoom. Helaas komt over het fietspad net een nijdig brommertje aangeknetterd, dat alles overstemt. Het brengt René van der Gijp op slag terug in het heden, waar hij zich alweer over belangrijkere actualiteiten buigt. Zoals de tatoeage van Wesley Sneijder. 'Ja, die kleine heeft Yolanthe op zijn buik laten zetten, hè? Mooi, man! En ook wel verstandig, hoor. Ik bedoel: een portret van dat meisje is natuurlijk beter dan haar naam in letters.'

Een slok melk. Niet tegen de dorst, maar voor het extra komische effect. René van der Gijp heeft tijdens zijn tweede leven als gastspreker duizenden lezingen gegeven, soms voor zalen zo groot als parkeergarages. Hij weet inmiddels wel hoe je een *punchline* vakkundig inleidt.

'Nee, echt', zegt hij, 'heel verstandig van kleine Sneijdertje. Want mocht het dan tóch een keertje uitgaan met Yolanthe, dan is het alleen nog een kwestie van een bril erbij tatoeëren, misschien nog wat stoppels hier en daar, maar dan heeft Wesley in elk geval nog wel Herman Brusselmans op zijn buikje staan.'

Het is twaalf minuten over één in de middag. Daar waait de aanstekelijkste lach van Nederland alweer over het vlakke water. De vogels die een verlaten terrastafel verder de broodmand aan het plunderen waren, schrikken ervan.

11. Michels (1)

'Als trainer had Michels zich gewoon een paar dingen voorgenomen.'

-Wat dan?

'Eén: ik laat nooit merken dat ik voor ook maar één iemand enige sympathie voel. Twee: ik lach nooit. Drie: ik doe, als het mij uitkomt, net of ik gek ben.'

-Leg eens uit?

'Hans van Breukelen was een keer te laat bij de training van Oranje. Nou was Hans niet gierig, maar wel erg gehecht aan zijn centjes. In de kleedkamer legde ik toen aan Michels uit waarom Hansie zo laat was. Ik zei: *Hij heeft zich de hele weg laten slepen door de ANWB, om benzine uit te sparen.* Toen zag ik het gezicht van Michels vertrekken. Liep-ie opeens naar de doucheruimte, om daar even te lachen. Hij wilde niet dat wij dat zouden zien. Apart hè?'

-Zeker. En wanneer deed hij dan alsof hij gek was?

'Wanneer het hem uitkwam. Hij riep ons tijdens de training bijvoorbeeld vaak bij elkaar. Op een keer stonden we wéér in een kringetje om hem heen, toen Peter Houtman net deed of hij een pakje Zware Van Nelle uit zijn kontzak haalde en op zijn gemak een onzichtbaar sjekkie begon te draaien. Ik weet zeker dat Michels het zag, maar hij deed net of hij gek was. Dat had hij zich nu eenmaal voorgenomen.'

12. 'Zal ik het verwarminkje aanzetten, lekkere warme voetjes?'

Een woensdagmiddag in een vorig leven. De grote hype rond Voetbal International is nog niet uitgebroken. Het bestaan van René van der Gijp ziet er nog indrukwekkend overzichtelijk uit. Het is twee keer per week anderhalf uur lang vlammen op televisie en daarnaast alleen wat lezingen in het land, meestal voor gezelschappen van overzichtelijke omvang.

Op een parkeerterrein aan de rand van de snelweg bij Dordrecht drukt hij nu op zijn claxon. Hij zit breed grijnzend achter het smetteloze glas van zijn Mercedes. Dan zwaait het portier open.

'Ga lekker zitten, jongen.'

De muziek wordt harder gezet. Een liveconcert van U2. 'Hoor dan', zegt Van der Gijp, die over niet al te lange tijd wordt verwacht in Arnhem, waar hij een groepje jonge verzekeraars moet toespreken, maar die desondanks nog niet veel aanstalten maakt om te vertrekken. Hij heeft zijn contactsleuteltje in elk geval nog met geen vinger aangeraakt. In plaats daarvan wijst hij op het beeldscherm van zijn ingebouwde dvd-speler. Bono, zingend op een gigantisch podium. 'Is dat goed of niet?', zegt hij. Zijn hand schiet naar de volumeknop. Nog een paar tandjes hoger. ‘Hoor dan? Heerlijk man. Wát een band. Wát een uitstraling heeft die gozer.’

René van der Gijp heeft een grote bewondering voor een bepaald soort artiesten. Laat de naam John Malkovich vallen en je bent een kwartier kwijt. ‘Malkovich! Zo! Het gemak waarmee die gozer acteert! Het plezier dat eraf straalt! Echt iemand die ’s ochtends opstaat en zin heeft om lekker te spelen.’ Usain Bolt, de atleet, is ook zo iemand over wie hij niet snel uitgepraat raakt. Al was het maar omdat hij als een van de weinigen zijn werk voornamelijk lachend uitvoert.

Zijn specifieke voorkeur voor zangers en acteurs is ook terug te vinden in zijn smaak voor voetballers. Hij kan genieten van de onaantastbaarheid van Zlatan Ibrahimovic, het gemak van Xavi en Iniesta, het onverwachte van Berbatov, het aangeboren talent van Özil. Iemand die voor zijn plezier vrij achteloos iets geniaals doet: daar wordt René van der Gijp altijd erg gelukkig van. ‘Zo’n jongen als Berbatov, van zo iemand vermoed ik echt dat hij in de rust een medespeler aantikt en dan zegt: “Heb je gezien wat ik net deed op dat veld, die actie?” En dat-ie dan heel hard gaat lachen. Die jongen geniet echt van wat hij doet. Mooi om te zien. Dat soort gasten kent geen druk. Nooit. Je ziet gelijk: die voelt zich nergens lekkerder dan dáár, die middag, in zijn korte broekje op dát veld. Dan is hij helemaal vrij om te doen wat in hem opkomt. Dat soort spelers, daar kan ik mijn hele leven naar blijven kijken. Dat wordt nooit saai, want ze verrassen altijd. Ze verrassen zelfs zichzelf.'

Bono wordt wat zachter gezet. We kunnen weg. Alhoewel.'Doe eerste effe lekker je jas uit, ouwe reus.' De handen gaan weer van het stuur. 'Is toch veel lekkerder, zonder jas? Vind je het trouwens koud hier? Zal ik het verwarminkje aanzetten? Lekkere warme voetjes?'

René van der Gijp houdt van gerieflijkheid. Hij heeft er een talent voor om het zich ergens snel naar de zin te maken. Wanneer hij op een bank gaat zitten duurt het nooit lang of hij zakt diep onderuit, het liefst met een paar dikke kussens in zijn rug, of hij vouwt zijn benen in een soort halve kleermakerszit onder zijn lijf, zodat zijn voeten prettig warm blijven. Liever gaat hij trouwens helemaal gestrekt, en tuurt hij in zelfverkozen afzondering naar een scherm met 22 voetballers of naar een goede talkshow. Voor iemand die nog gewoon ademt, brengt René van der Gijp opvallend grote delen van de dag in horizontale positie door.

De jas is uit, de reis kan beginnen. Bono zwijgt ook, zodat de bestuurder, nog vóórdat hij heeft ingevoegd, aan de eerste anekdote van de dag kan beginnen. Niet geheel toevallig gaat die over een oud-trainer. In dit geval: Hans

Kraay sr., de man die hem in de jaren tachtig bij PSV grotendeels tevergeefs in het gareel trachtte te houden. Toch is de vader van zijn tafelgenoot Hans jr. een van de weinige coaches voor wie Van der Gijp altijd sympathie heeft gevoeld. Nadat Ruud Gullit in 1987 Kraay via een een-tweetje met het Nieuwe Revu-duo Barend en Van Dorp had gewipt om zo zijn vertrek van PSV naar AC Milan te forceren, was Van der Gijp de eerste en laatste PSV'er die het in het openbaar voor hem opnam. Dat Gullit zijn boezemvriend was, speelde even geen rol.

Op de dag van zijn vertrek naar zijn nieuwe club Xamax Neuchâtel, reed Van der Gijp op weg naar Schiphol zelfs eerst nog bij zijn oud-trainer langs. 'Hij was in de tuin aan het werken', zei hij daar eens over. 'Kraay was net terug van een vakantie in Florida. Hij was zo bruin als een neger. Hij vond het hartstikke leuk dat ik even afscheid kwam nemen.' En: 'Ik heb nooit problemen met hem gehad. Ik vond Hans Kraay een prima man en een uitstekende trainer. Alleen wanneer hij een weegschaal zag werd hij gek, dan moest ik daar meteen op gaan staan. Hij vond me altijd te zwaar.'

Wanneer René van der Gijp nu, rijdend richting het oosten, aan de vader van zijn VI-collega Hans Kraay jr. denkt, schiet hij in de lach. 'We moesten met PSV voor de Europa Cup eens tegen Dnjepr Dnjepropetrovsk. Kraay was een training gaan bekijken. Hij was vooral benieuwd naar hun spits, ene Protasov. Op de dag dat die ouwe Kraay zo onopvallend mogelijk achter een bosje naar het veld stond te loeren, kwam die gozer met twee ingezwachtelde knieën het veld opgelopen. Daar had-ie geloof ik één uur en achtentwintig minuten over gedaan. Hij kwam bijna niet vooruit. Dus toen wij een paar dagen later de wedstrijdbespreking hadden, zei Kraay: "Jongens, weet je wat we doen? We laten die gasten steeds hun spits aanspelen, want die kan er toch geen klote van. Die is niet vooruit te branden.'"

De rechterhand van René van Gijp verlaat nu het stuur. Een klein kneepje in de knie van zijn bijrijder, om de komst van de clou vast in te leiden. Dat doet René van der Gijp vaak, mensen aanraken tijdens het praten. Hoe beter hij ze kent, hoe fysieker hij wordt. Bij het krijgen van de slappe lach mag hij graag zijn hoofd even te ruste leggen op iemands schouder, of, als een soort uitroepteken na een sterke anekdote, zijn gesprekspartner een paar keer stevig tussen de schouderbladen slaan. Toen Mario Been een keer te gast was bij het televisieprogramma Voetbal International legde Van der Gijp niet alleen lange tijd zijn hand op diens pols, maar begon hij zijn vriend na een tijdje ook met twee vingers zachtjes te aaien. Het was een vreemd gezicht. Van der Gijp deed alsof Mario Been op dat moment niet de trainer van Feyenoord was, maar een jong poesje dat lag te zonnen in de vensterbank.

De Mercedes schiet onder het bord Gorinchem door. Van der Gijp gaat verder met zijn verhaal. 'Nou, wij lieten die Rus in de spits dus lekker zijn gang gaan. Maar dat hadden we misschien toch beter niet kunnen doen. Die gozer was goed! Hij maakte binnen twintig minuten zijn eerste goal. En na rust maakte-ie er voor de gezelligheid nog een. En snél, jongen, snél. Kraay dacht dat ze een halve invalide hadden opgesteld, maar die Protasov deed juist alles met 180 kilometer per uur! In de rust zaten we in de kleedkamer. 1-0 achter. Ik kon bijna mijn lachen niet houden. Iedereen zweeg. Stevens, Van Breukelen, dat soort jongens kon er helemaal niet tegen om achter te staan. Toen heb ik maar wat gezegd. Het was zo stil. 'Trainer', vroeg ik aan Kraay, 'zullen we in de tweede helft maar een andere speler vrij laten, of vindt u het wel lekker gaan zo?' Mooi man. Dan hadden ze allemaal het schuim op hun lippen staan in die kleedkamer.'

René van der Gijp geeft jaarlijks zo veel lezingen dat hij deze geschiedenis al veel vaker uit de doeken moet hebben gedaan, maar toch verhindert dat niet dat hij nu, op de linkerbaan van de A15, bijna in de vangrail stuurt van het lachen. Wat hij zo bewondert in Berbatov, heeft hij zelf dus ook: René van der Gijp kan genieten van René van der Gijp. Als het moet is hij zijn eigen publiek.

Trainers, en dan vooral de mate waarin ze hun invloed overschatten: het is na al die jaren nog steeds zijn favoriete gespreksonderwerp. 'We zouden in de voetbalwereld eens moeten ophouden om al die trainers zo belangrijk te maken. Het was echt niet Hans Kraay die PSV kampioen maakte. Het was Gullit, Nielsen, Arnesen, Van Breukelen en dat soort jongens. Zo is het nog steeds. Het gaat niet om Guardiola. Nee, het gaat gelukkig nog altijd om Messi, Xavi en Iniesta. Ik zal niet zeggen dat je net zo goed Clown Bassie op de bank bij Real Madrid kan zetten, maar het scheelt weinig. Echt hoor. Ik heb het toch zelf meegemaakt? We speelden een keer met PSV bij FC Utrecht. Toen heb ik mijn goede vriend Maarten Spanjer stiekem de kleedkamer binnengesmokkeld. Terwijl Hiddink op de gang stond en niets in de gaten had, heeft Maarten toen de ploeg toegesproken. Helemaal in de stijl van Rinus Michels. Het ging over druk zetten, en strijd die hij wilde zien en dat voetbal oorlog was. Wij lagen op de grond van het lachen. Zelfs toen de bel voor de wedstrijd ging, bleef hij maar doorgaan. Hiddink dacht op een gegeven moment: waar blijven die gasten nou? Deed-ie de deur open en zag hij Maarten staan. Hij heeft niets gezegd, hem bij zijn middel gepakt en zó de kleedkamer uitgetild. Dat vergeet ik nooit meer. Maar we wonnen wel. Dik. Het was een van de beste wedstrijden van het seizoen. Ik zweer het je: er wordt veel te interessant over dat trainersvak gedaan.'

Zodra Van der Gijp over trainers spreekt, sluipt er een diepe minachting in de toon van zijn woorden. Als geboren individualist heeft hij het niet zo met de mannen die vooral in groepsprocessen denken. 'Al die trainers en hun assistentjes, simultaan schrijvend in hun notitieblok. Dan denk ik: wat zouden die mensen in godsnaam allemaal aan het noteren zijn? Kunnen ze niet beter gewoon op het spel letten? Vroeger bestelde een voetbalclub aan het begin van het seizoen 85 ballen. Nu 85 flip-overs. Zelfs Arsène Wenger doet aan die gekkigheid mee. Die zie ik dan de hele wedstrijd langs de kant in de stromende regen staan. Dan denk ik: waar sláát dat eigenlijk op? Waarom gaat die man niet gewoon lekker in zijn dug-outje zitten? Je bent als arme televisiekijker gewoon bang dat-ie verzuipt. Maar weet je wat dat nou is? Imagebuilding. De buitenwereld laten zien hoezeer je er mee bezig bent. Meer is het niet.'

13. Pubertijd

-Hoe was je pubertijd?
'Weet ik niet.'
-Weet ik niet?
'Nee, dat weet ik niet. Volgens mij heb ik geen pubertijd gehad. Kan het me althans niet herinneren.'
-Hoe kan dat nou?
'Ik heb het overgeslagen. Tenminste, zo voelt het. Je moet niet vergeten: toen ik zeventien jaar was, speelde ik al in het eerste van Sparta. Daar zat ik met allemaal veel oudere jongens in de kleedkamer. Mannen die alles al hadden meegemaakt: Willem Suurbier, Gerard van der Lem, Dickie Advocaat, Chris Dekker, noem ze allemaal maar op. Chris Dekker was een wereldgozer, trouwens. Met hem ging ik vaak mee naar huis, naar Zaandam. Gingen we stappen. Hij nam me op mijn zeventiende op sleeptouw, 's nachts in Amsterdam. Daarom zeg ik: ik was qua leeftijd wel een puber, maar omdat ik altijd met ouderen omging, deed ik geen rare puberdingen.'
-Wat deed je dan wel?
'Andere rare dingen natuurlijk. Met David Loggie, onze spits, ging ik vaak tussen twee trainingen door naar de OQ-club in Rotterdam. Had ik het prima naar mijn zin. Dan hingen er een paar van die meisjes aan zo'n paal,

David en ik in van die grote fauteuils op de eerste rij, drankje erbij: niks mis mee. Was mooi, man. Daar zaten we dan, om twaalf uur 's middags, in ons Sparta-trainingspakje. Af en toe rolden de tranen over onze wangen van het lachen. Nee, nu ik er aan terugdenk: ik heb echt een wereldpubertijd gehad.'

14. 'De vrolijkste man die ik ooit heb gezien'

Er zijn niet veel mensen in Nederland die met méér voetbal in hun omgeving zijn opgegroeid dan René van der Gijp, zoon van een international die eigenlijk met zijn kind nergens anders over kon praten. Wim van der Gijp was tot op hoge leeftijd zelf een succesvol trainer bij de amateurs. Maar hoewel junior en senior elkaar altijd uitstekend hebben aangevoeld, heeft René van der Gijp de beroepsgroep der oefenmeesters nooit kunnen begrijpen. Hij beziet ze met de verbazing van een antropoloog die op een inheemse stam is gestuit. Hij snapt hun gebrek aan twijfel niet, hun onvermogen om te genieten van de ironie die het spel ook in zich herbergt. 'Als ik Cruijff, Van Gaal, Van Marwijk hoor, dan heb ik altijd het idee dat zij echt denken dat ze het verloop van een wedstrijd kunnen beïnvloeden. Maar ik zie elk weekeinde allemaal wedstrijden die het tegendeel bewijzen.'

Van der Gijp heeft in zijn actieve loopbaan heel wat trainers boven zich gehad. De meesten maakten geen enkele indruk op hem. Zelfs de voormalig topvoetballer Gilbert Gress niet, de man die bij het Zwitserse Xamax Neuchâtel ooit dacht met Van der Gijp een kopsterke centrumspits te hebben aangetrokken, maar die al op de eerste trainingsdag van de Nederlander kreeg te horen dat hij in zijn hele leven maar één keer had gekopt. 'Dat was toen ik vergat te bukken', zei de nieuwe aankoop, waarna de Fransman een ogenblik dacht dat hij krankzinnig aan het worden was. Het was voor Van der Gijp een reden om zijn coach voortaan in het openbaar alleen nog Gilbert Stress te noemen.

De rest was niet veel beter. Dimitri Davidovic, zijn trainer bij Lokeren, nam Van der Gijp al helemaal niet serieus, zijn voorganger Robert Waseige beschuldigde hij niet voor niets in de media van een drankprobleem en om Rinus Michels en al die anderen heeft hij zijn hele leven eigenlijk alleen maar gelachen. De enige oefenmeester over wie hij altijd met respect heeft gesproken is Kees Rijvers, de man die hem als bondscoach liet debuteren in Oranje. Voor de persoon Hans Kraay heeft hij ook een zwak, maar zijn favoriete trainer aller tijden is en blijft toch Barry Hughes, voormalig coach van Sparta. Al had dat niet zo veel met diens oefenstof te maken.

'Hughes vond ik een geweldige vent. De vrolijkste man die ik ooit heb gezien. Altijd happy, altijd plezier, altijd lachen. Echt een fenomeen. Ik heb het zó leuk gehad tussen mijn zeventiende en mijn twintigste. En dat is grotendeels dankzij die man. Hij is heel belangrijk voor mij geweest. Niet zozeer als trainer, maar vooral als mens. Van zijn tactische besprekingen weet ik eigenlijk alleen nog dat hij daarvoor zo'n magneetbord in de kleedkamer had hangen. Toen drukte hij een keertje zó hard, dat het magneetje dat de spits moest voorstellen op de grond viel. Precies achter de verwarming. Zat even later de halve selectie van Sparta op z'n knieën, zoekend naar Ruud Geels. Dat weet ik nog wel. Van de rest is me niets meer bijgebleven. Maar dat maakt niks uit. Zijn enthousiasme was zó aanstekelijk. Ook op de trainingen. Hij deelde ons soms in twee groepen voor een partijtje. De ene groep was dan Manchester United en de andere Liverpool. Maakte hij er een hele show van. Was mooi man. Waren we als kinderen aan het voetballen. Hughes maakte ons helemaal gek. Hij noemde ons ook niet meer bij onze echte naam, maar bij de namen van de Engelse spelers. Dan was ik Kenny Dalglish, Louis van Gaal was Graeme Souness, weer een ander was Sammy McIlroy. Dan hadden we een plezier, jongen. Dan noemde hij me ook geen 'Fuckin' René' meer. Nee, dan was het 'Fuckin' Kenny'. Soms moest de training worden onderbroken omdat we met z'n allen niet meer bijkwamen van het lachen.'

'Hughes was vindingrijk, origineel. Als er sneeuw lag, maakte hij de kantine leeg. Dan speelden we partijtjes van drie-tegen-drie, het hele meubilair tegen de muur opgestapeld. Dat was een feest. Hij verzon de gekste dingen om het leuk te houden voor ons. Wat dat betreft was hij de ideale veldtrainer. Ik ging later weleens bij Feyenoord kijken, toen mijn vriend Ruud Gullit daar trainer was. Zag je gasten met elastieken om, hartslagmeters, computers. Er stonden nog net geen doktoren met witte jassen langs het trainingsveld. Schei toch uit. Er wordt veel te interessant over dat trainersvak gedaan. Wat Hughes deed – twee uur lang Manchester United-Liverpool op dinsdagmiddag – dat kan nog steeds, hoor. Zet hem morgen bij Bayern München neer en er is niets aan de hand.'

Nu schiet Van der Gijp in de lach. Hij ziet het kennelijk opeens helemaal voor zich. Het is ook een komisch beeld: Barry Hughes met zijn geruite pet op zijn hoofd, rolfluitje in de aanslag, oog in oog met de miljoenenselectie van FC Hollywood. 'Wat zullen ze opeens een plezier hebben zeg, die mannetjes! Ik zweer het je: dan zie je die Badstuber voor het eerst van zijn leven lachen.' Dan: 'Nee, die Arsène Wenger, die zou ik nog weleens aan het werk willen zien. Dat zou nog weleens interessant kunnen zijn. Ik heb niet het idee dat er bij die man veel geldingsdrang aanwezig is. Die houdt echt van voetbal, van trainen en coachen. Die doet wat hij het leukst vindt. Maar de rest… Ik moet trouwens even plassen.'

15. Fuckin' Geert

-Met wie was Barry Hughes als trainer eigenlijk te vergelijken?

'Met niemand. Alhoewel: misschien met Bobby Robson.'

-Robson?

'Ja. Bij het overlijden van Bobby Robson kwamen allemaal grote spelers aan het woord. Alan Shearer, Gary Lineker, noem maar op. En eigenlijk zeiden ze allemaal in andere woorden hetzelfde, namelijk: wat een aardige man. Wát een ontzettend aardige, enthousiaste man. Ik hoorde niemand over zijn trainingsmethodiek, of zijn tactische ingrepen of zijn opstelling. Nee: een aardige man.'

-Zo was Hughes ook?

'Ja. Maar het lijkt wel of de trainers van deze generatie dat niet meer willen. Het is allemaal zo stoer. Verbeek, Jans, noem ze allemaal maar op. Zelfs Mario Been, wat echt een vreselijk aardige jongen is, heeft daar last van. Terwijl: als we straks twintig jaar verder zijn en al die mannen zijn zeventig, dan moeten ze hopen dat ze een oud-speler van hen tegenkomen die zegt: wat een aardige man. Ik bedoel: het is toch aandoenlijk als je Dickie Advocaat hoort zeggen dat het hoogtepunt in zijn leven is, dat hij met Medvedev in de lift stond. Kom op hé. Dat is zelfverheerlijking en nietigheid tegelijk.'

-Had Hughes geen last van?

'Welnee. Dat vond ik ook het leuke aan hem. Hughes kon ook na een nederlaag nog gieren van de lach. Omdat die man tenminste de betrekkelijkheid van alles inzag.'

-Toch hebben jullie ook weleens ruzie gehad.

'Ik heb een keer een schoen naar zijn kop gegooid, dat klopt. Dat was na een verloren wedstrijd met Sparta. Eerst vroeg hij aan me of ik wel had meegespeeld. Daarna haalde hij heel opzichtig mijn shirt tussen de andere shirts vandaan en zei dat die niet gewassen hoefde te worden omdat ik toch niet had getranspireerd. Toen werd ik boos. Gooide ik een schoen naar zijn kop.'

-En?

'Mis. Ik raakte wel Geert Meijer vol op zijn knie. De hele kleedkamer was stil. 'Fuckin' Geert', zei Hughes, 'Nou is hij voor het eerst van zijn leven geblesseerd.' Daarmee was de zaak afgedaan.'

16. 'Ik zweer het je: Louis bestaat uit twee persoonlijkheden'

René van der Gijp stopt bij een tankstation en gaat naar binnen. Hij heeft nog geen twee stappen over de drempel gezet, of hij wordt al door een verbaasde automobilist aangesproken. Door het raam is nog net te zien hoe de man met heftige gebaren aan een ogenschijnlijk enthousiast verhaal begint. Hij moet ongetwijfeld steeds nodiger plassen, maar toch blijft René van der Gijp geduldig staan en knikt met enige regelmaat vriendelijk met zijn hoofd.

Samen met Pim Doesburg en Ruud Geels was Van der Gijp aan het begin van zijn voetballoopbaan de enige fullprof van Sparta. 'De rest van de groep werkte er nog bij. Veel jongens zaten bij de gemeente. Dat had Sparta voor ze geregeld. Maar ik had de hele dag verder niks te doen, dus ging ik er 's middags vaak met Hughes op uit. Een bloemetje brengen naar zieke supporters, iets doen voor het goede doel, dat soort dingen. Was gezellig, man. Alleen kon Hughes niet zo goed autorijden. Hij had wel altijd grote wagens, maar als hij bijvoorbeeld een cassettebandje moest verwisselen, dan stopte hij daarvoor gewoon midden op de weg. In die jaren maakte hij veel reclame. Op zijn achterruit stond in grote plakletters: Barry Hughes – Mercedes Benz Promotion. Toen bij het verwisselen van het cassettebandje die mensen achter hem begonnen te toeteren, tikte hij mij op mijn knie. "Hé Gijp", zei Hughes, "zijn wij fuckin' populair in Rotterdam, of niet?" Ha! *Welnee man*, zei ik dan, *ze toeteren omdat je in de weg staat!*'

'Echt een fenomeen, Barry Hughes. Als we om half vier moesten trainen, kwam hij ook al om twee uur in de kleedkamer. En dan maar verhalen vertellen. Ik zweer het je: hij was beter dan Jan Jaap van der Wal. Wat Hughes trouwens ook heel goed kon: Louis van Gaal nadoen. Big Louis, noemde hij hem. Dan ging-ie staan en liep dan met dezelfde motoriek als Van Gaal bij ons door de kleedkamer. Hield-ie gerust een kwartier vol.'

We zijn amper onderweg of zijn naam is al gevallen: Louis van Gaal. Een paar seizoenen speelden ze samen op Het Kasteel, de wat houterige regisseur op het middenveld en het ongrijpbare talent op de rechtervleugel. 'Louis werd bij Sparta altijd in de maling genomen', zegt Van der Gijp. 'Ik heb één keer meegemaakt dat we thuis achter stonden en Van Gaal in de rust tegen Hughes zei: "En nu grijp je in!" Waarop Hughes zei: "Is goed, ga jij er maar uit." Hij heeft natuurlijk ook geen plaat voor zijn hoofd, onze Louis, maar een heel appartementencomplex. Terwijl Louis tegelijkertijd ook een heel warme, vriendelijke jongen is. Toen we samen bij Sparta speelden, ging ik vaak met hem mee naar huis. Zaten we gerust tot drie uur 's nachts over voetbal te praten. Meestal bleef ik dan bij hem slapen. Was gezellig, dat meen ik echt. De volgende ochtend ging ik ook vaak mee naar de speciale school waar Louis les gaf. Dat deed hij indrukwekkend goed. De meeste leraren hadden moeite om die kinderen in bedwang te houden, maar met hem liepen ze allemaal weg. Hij was eerlijk en duidelijk, daar hielden die kinderen van.'

De relatie bekoelde op een middag in Amsterdam, jaren later, toen Van der Gijp inmiddels allang in zijn onderhoud voorzag met het geven van lezingen en Van Gaal trainer was van Ajax. 'Ze waren net klaar met trainen, dat Ajax. Sommige spelers waren al op weg naar de kleedkamer, anderen lagen op de grond nog even wat oefeningen te doen, of gewoon te kletsen. Ik wilde Danny Blind, met wie ik samen met Louis bij Sparta heb gespeeld, en Peter van Vossen even gedag zeggen. Gewoon: handje geven, hoe is het? Dus ik liep een paar meter het veld in. Van Gaal stond in het midden van het veld, met z'n rug naar me toe. Ik had 'm niet eens gezien. Maar precies toen ik Danny een hand gaf, draaide Lowietje zich om. "Hé!", schreeuwde hij. Hard. Heel hard. Hij werd er ook een beetje rood van. Ik draaide me nog om. Even kijken of er soms nog iemand achter me stond. Maar nee, niemand. Hij had het echt tegen mij. Ha! Lowietje was boos.'

René van der Gijp kan het niet helpen, maar hij schiet wéér in de lach. 'Kwam-ie met van die hele grote stappen op me aflopen. "Van der Gijp!", schreeuwde-ie, "zie je dat daar?" Hij wees met zijn vinger naar het achterste hek van het achterste veld. Ik zei: *Ja Louis, dat zie ik.* "Zelfs dáár ben ik de baas!", riep-ie toen. "Er is hier in de hele omtrek niet één veld te zien, waar ik niet de baas ben!" Heb ik mijn schouders maar opgehaald. *Is goed hoor, Louis.* Toen ben ik weer van zijn veldje gegaan. Heb ik buiten nog even gezellig met Danny en Peter staan praten. Maar toen ik weer naar mijn auto ging, kwam Louis net van het veld af. Hij liep recht op me af. Ging ie opeens heel amicaal doen. "Hé Gijp", zei-ie, met zo'n grote glimlach. Heel raar. Echt. Ik vond dat zó vreemd. Het leek wel of hij helemaal vergeten was, wat er een paar minuten daarvoor was gebeurd. Echt hoor, ik zweer het je: Louis bestaat uit twee persoonlijkheden. Op het veld was hij de bulderende trainer geweest en nu, op het parkeerterrein, was hij opeens weer die oude, vriendelijke Louis van Sparta. Maar dat vond ik zó vreemd, dat ik maar ben weggegaan.'

17. Gullit

-Waarom klikte jij bij PSV zo goed met Ruud Gullit?
'Weet ik niet. Het voelde gewoon gelijk goed. Misschien omdat hij als een van de weinigen ontspannen was. Altijd. Net als ik dacht Ruud ook altijd pas dertig seconden voor het begin van de aftrap aan de wedstrijd.'
-Dat schiep een band?
'Misschien wel. We deelden tijdens trainingskampen en Europese wedstrijden altijd één kamer. Als je dan bij het ontbijt kwam, bleek de helft geen oog te hebben dicht gedaan. Ze waren nerveus voor de wedstrijd, waren zich aan elkaar gaan ergeren, aan het gesnurk, aan elkaars gewoontes, elkaars luchtjes, aan alles. Hadden Ruud en ik helemaal geen last van. Ons moesten ze altijd met een kanon wakker schieten, anders sliepen we tot de terugreis. Omdat we relaxed waren. We konden ook 's ochtends half in elkaars armen wakker worden. Dat was dan natuurlijk onbewust gegaan, maar het gebeurde niet voor niets. Zoiets zou je bij Van Breukelen niet overkomen. Die stond zo onder stress, die lag als een strijkplank zo strak in bed. Pas toen hij naar Ted Troost ging, de haptonoom, werd het beter. Maar voor die tijd had die jongen zó veel spanning op zijn lijf staan, dat hij bij het douchen niet eens nat werd.'

-Had Ruud geen last van?

'Welnee. Die was altijd ontspannen. Ik heb echt een leuke tijd met die jongen gehad. Het was gezellig op onze kamer. We spraken over alles, behalve over voetbal. De rolverdeling was ook duidelijk. Ruud was het mannetje, ik was het vrouwtje. Bij mij moet natuurlijk alles recht staan, opgeruimd, geordend. Dat had Ruudje niet. Dus die flikkerde bij binnenkomst zijn tas in de hoek en dan ruimde ik het op. Zo ging dat. Of ik ging mijn tanden poetsen en dan vond ik weer zo'n pluk rasta-haar in de wasbak. Had hij zijn haartjes geknipt en kon ik het opruimen. Maar ik vond het niet erg. We konden veel van elkaar hebben.'

18. 'Ik hou alles klein, maar bij Ruudje kan het juist niet groot genoeg zijn'

Hoewel een deel van het grote publiek de indruk heeft dat René van der Gijp een man is die graag in een overvol café op de toog gaat staan om moppen te vertellen, is hij in werkelijkheid iemand die zijn dagen het liefst in de zelfgekozen afzondering van zijn huis doorbrengt. Hij is dan ook niet een man met een uitgebreide vriendenkring. Zijn beste vriend is waarschijnlijk Casper van Eijk, op de voet gevolgd door acteur Maarten Spanjer, spelersmakelaar Rob Jansen en voetbaltrainer Mario Been.

'Casper is oncoloog in het Erasmus Medisch Centrum', zegt Van der Gijp. 'Echt een heel intelligente jongen. Ooit was hij de jongste professor van Nederland. Met Caspertje kun je lachen. Hij ziet ook de hele dag gekke dingen om zich heen. Van de week belde hij nog op. "Je moet er eens op letten, Gijp", zei hij toen, "maar wist jij dat grensrechters hun warming-up altijd met hun vlag doen, nooit zonder?" Dat vind ik nou leuk, dat soort dingen. We spreken elkaar elke dag. Casper en ik delen dezelfde kijk op het leven. We zijn er allebei van overtuigd dat je in dit bestaan zelf niet zo heel veel te willen hebt, dat het er vooral op aankomt dat het je allemaal een beetje meezit. Dat komt bij hem natuurlijk ook door zijn werk. Casper ziet het bewijs elke dag in zijn wachtkamer. Het kan bij hem voorkomen dat hij twee mensen met een identieke vorm van kanker precies gelijk behandelt. Maar dan is de één na drie maanden helemaal opgeknapt en vertrekt met een twintig jaar jongere vriendin naar de Canarische Eilanden, en de ander is dood. Als je dat week in, week uit meemaakt, dan leer je vanzelf wel dat je niet altijd de regie over het leven hebt. Dat veel ook aankomt op een beetje geluk.'

'Ik heb bewondering voor wat hij doet. Casper heeft geen beroep, maar een roeping. Hij staat elke morgen om vijf uur op. Om zes uur in de ochtend heeft hij zijn eerste operatie al. Bel hem om acht uur 's avonds en hij zit nóg in dat ziekenhuis. Dat zegt veel. Ik ben nog nooit om vijf uur opgestaan. Maar hij rijdt in het weekeinde nog even in z'n gewone kleren op zijn fietsje naar het ziekenhuis, om een van zijn patiënten een dag na de operatie te vragen hoe het gaat. Dat vind ik bewonderenswaardig. Ik ben trots op die gozer. Meen ik echt. Hij heeft Steve Jobs nog geopereerd. Kwam helemaal uit Amerika over met een privéjet, omdat hij door Casper geholpen wilde worden. Ik geloof dat ze heel Rotterdam Airport voor die man hebben stilgelegd. Soms ga ik naar een lezing van Casper. Over tumoren bijvoorbeeld. Hoe die dingen ontstaan, hoe ze groeien, wat je er tegen kunt doen. Vind ik interessant. Ik ben ook bij zijn benoeming tot hoogleraar geweest. Na afloop stonden we even na te praten. Kwam er zo'n andere gozer met zo'n rare muts bij staan. "Wij staan hier niet omdat jij zo'n goede arts bent", zei hij tegen Casper, "maar omdat niemand beter met patiënten omgaat dan jij." Vond ik mooi. Is toch prachtig om te horen over een vriend ?'

'Caspertje, Mario, Maarten en Rob, dat zijn mijn vrienden. Al heel lang. Daar komt weinig tussen. We zijn loyaal aan elkaar, maar niet klef. We claimen elkaar niet. Getver, nee. Maar ik doe er wel moeite voor om de boel een beetje bij elkaar te houden. Het zijn mooie gasten, joh. Alle vier.'

René van der Gijp eist niet veel van zijn vrienden. Dat past ook niet in zijn levensfilosofie. Die bestaat eruit om niet al te veel te verwachten, want dan valt alles sneller mee. Hij probeert teleurstellingen bij voorbaat uit te sluiten, een wat merkwaardige vorm van zelfbescherming die een lenige geest vereist. Toch is er wel een minimum aan de loyaliteit die hij vraagt. Als dat niet wordt gehaald, is de vriendschap voorbij. Ook al heet je Louis van Gaal. Of Ruud Gullit.

'Ruud en ik hebben nog steeds wel contact, maar veel minder dan vroeger. Vanaf onze tijd bij PSV waren we dik. Maar hij leidt nu zó'n ander leven dan ik. Tegenovergesteld bijna. Ik zit het liefst alleen binnen en hou het allemaal zo rustig mogelijk. Maar Ruudje is zo niet hè? Die is het liefst 24 uur per etmaal onder de mensen. Hij vliegt nog steeds de hele wereld over, altijd op zoek naar meer. Ik zit het liefst thuis. Ik hou alles klein. Bij Ruudje kan het juist allemaal niet groot genoeg zijn.'

Vroeger, als PSV'ers, waren ze nooit ver uit elkaars buurt. Hij kan er smakelijk over vertellen, wat hij dan ook vrijwel wekelijks doet. Zijn onuitputtelijke repertoire Gullit-anekdotes is een wonderlijk overblijfsel van wat ooit een zeer hechte vriendschap was. Het bestaat eruit dat de helft van het duo nu door het land trekt met verhalen waarin de slaapkamergeheimen van de andere helft worden onthuld. Hilarische *petites histoires* zijn het, dat wel, waarbij niet zelden de naar verluidt imposante omvang van Gullits geslachtsdeel een prominente rol in de vertelling krijgt.

'Ruud was een bijzondere jongen. In alles. Die had zó veel uitstraling, dat was niet normaal meer. Altijd relaxed, altijd zelfverzekerd. Schitterend om te zien. Echt iemand aan wie een team zich kon vasthouden. Ik kon van hem genieten als voetballer. De power, de overtuiging. Ik moest in het veld echt uitkijken dat ik hem niet aangaapte. Het charisma dat hij buiten het veld had, dat vond ik ook fascinerend. Hij deed ook bijzondere dingen, die Ruud, rare dingen. Ik werd een keer midden in de nacht van hem wakker. Deed ik stiekem één oog open om te zien wat hij aan het doen was. Toen zag ik 'm dus uit zijn bedje kruipen en in zijn onderbroekje naar zijn voetbalschoenen lopen.

Die trok-ie aan. En toen ging-ie daarmee een paar rondjes door onze kamer lopen. In zijn onderbroek, met zijn Adidas World Cups over het tapijt. Apart hè? Eerst dacht ik nog: hij is aan het slaapwandelen. Maar dat was niet zo. Wat hij dan wel aan het doen was, dat weet ik niet. Ik heb het hem nooit gevraagd.'

De verwijdering met Gullit kwam in maart 2005. Net zomin als bij Van Gaal lag hier een knallende ruzie aan ten grondslag lag. 'Mijn vader was overleden. Ik belde Ruud om het te vertellen. Halverwege zei hij: "Wacht even, wacht even, ik heb een wisselgesprek." Oké , dat kan. "Gijp, ik bel je zo terug", zei hij. En dat heeft hij ook wel gedaan. Aan het einde van de dag.' Dan: 'Ruudje is druk hè? Veel drukker dan ik. Daardoor groei je een beetje uit elkaar.'

Voor het eerst deze middag is het even stil in de auto. 'Hoe is het met je voetjes? Lekker? Zal ik het verwarminkje lager zetten?' Over Gullit is René van der Gijp wel weer uitgepraat. Hij heeft een hekel aan ruzie maken, conflicten en kwaadsprekerij. 'Laat gaan, man,', zegt hij over de verwaterde relatie met de man die ooit getuige was op zijn huwelijk. 'Laat lekker gáán.' Maar het komt er dit keer niet erg overtuigend uit. Ruud Gullit en Louis van Gaal, ogenschijnlijk zó verschillend van elkaar, deden onbewust allebei wat maar heel weinigen lukte: ze stelden René van der Gijp teleur.

19. Geit

'Toen ik in Zwitserland bij Xamax Neuchâtel speelde, reed ik vaak een dag na onze wedstrijd naar Milaan. Ging ik bij AC Milan kijken en daarna stappen met Ruud. Het was niet ver rijden. Ik nam vaak het zoontje van de voorzitter mee, die vond het geweldig om de grote Gullit te ontmoeten. Was altijd heel gezellig. We zaten op een avond in discotheek Hollywood in Milaan. Toen kwam die kleine Maradona opeens binnen. Dan weet je niet wat er gebeurt, hoor. Ik heb nog nooit van mijn leven in zó'n korte tijd ergens zó'n chaos zien ontstaan. Dat was geweldig.'

-Nog met elkaar gesproken?

'Ruud stelde ons aan elkaar voor. "Hij is de rechtsbuiten van Oranje", zei-ie er nog bij. Diego knikte heel aardig, maar hij had natuurlijk geen idee wie ik was. Hij zat de hele avond alleen maar te lachen. Echt hoor, die Diego is eigenlijk gewoon een heel lieve, sympathieke, blije geit.'

-Jij noemt de grootste voetballer ter wereld 'een lieve, sympathieke, blije geit?'

'Ja hoor, net zo makkelijk. Weet je wat ik altijd zo mooi vond aan Maradona? Dat niet alleen de hele wereld vond dat hij de beste was, maar hij zelf ook. Heerlijk is dat, wanneer je nooit aan je eigen genialiteit twijfelt. Weet je wie dat trouwens ook een beetje heeft?'

-Van Gaal?

'Sneijdertje. Die kan ook vanaf veertig meter aanleggen voor een schot op doel en als de bal dan in de derde ring is verdwenen, dan is zijn eerstvolgende actie gewoon weer een passje met de buitenkant voet. Maar de beste op dat gebied was toch wel Preben Elkjaer Larsen, die gekke Deen met wie ik bij Lokeren speelde. Die deed echt precies wat hij wilde. Ik heb nog nooit iemand gezien die zich zó weinig van de buitenwereld aantrok en zó trouw zijn eigen gevoel volgde. Al zaten er vijf trainers op de bank, dan nóg liet hij zich niet vertellen wat hij moest doen. We speelden een keer tegen RWDM. Het was bijna afgelopen. Hij had de hele wedstrijd niets goeds gedaan, alleen maar ballen bij de tegenstander ingeleverd. Tot de laatste paar seconden van de wedstrijd. Hij wordt met een steekpass weggestuurd en komt ineens alleen voor de keeper. Iedereen had in zijn positie zijn ogen dicht gedaan en die bal een ros gegeven. Maar hij niet. Weet je wat-ie deed? Hij stiftte 'm. Gewoon, omdat z'n gevoel dat ingaf. Zo'n heerlijke, langzame stift. Plof, in het netje. Nou, toen dacht ik dat ik gek werd in het veld. Dat vind ik zó knap, zó bijzonder. Dat je dat dúrft, nadat je zo'n draak van een wedstrijd hebt gespeeld. Geweldig vind ik dat. Ben ik nooit meer vergeten.'

20. 'Kots met een hekje eromheen'

Het is iets voor drieën en René van der Gijp tuurt naar zijn navigatiesysteem. Zonder Barry Hughes had hij hier nu niet gereden, op een bedrijventerrein in Arnhem, zoekend naar een verzekeringskantoor. Hughes was de eerste in Nederland die met een mix van voetbalverhalen en quasifilosofische opmerkingen langs feesten, bruiloften en partijen trok, net zo lang tot hij in de chiquere theaters terechtkwam. Het bleek al snel een lucratieve business.

De excentrieke ex-trainer was al een tijdje bezig als gastspreker, toen hij nog een keer werd gebeld door iemand van De Graafschap, met het verzoek een rentree in het vak te overwegen. Er stond een riant salaris tegenover. Trots klonk er een bedrag door de telefoon. 'Is dat per maand?', vroeg Hughes. 'Nee, per jaar ', zei de stem aan de andere kant van de lijn. Toen was het gesprek snel voorbij. Hughes bleek met zijn lezingen in een maand meer te verdienen dan in een jaar als trainer bij De Graafschap, en bij die lezingen liep hij niet eens de kans dat het publiek met witte keukenrollen ging zitten zwaaien. Hij maakte liever naam in het circuit van businessclubs, golfparken en multinationals. Volgens velen is hij nog steeds de beste aller tijden, al erkent ook iedereen dat hij inmiddels hevige concurrentie heeft gekregen van zijn voormalige vleugelspeler bij Sparta. René van der Gijp is in zijn sector tegenwoordig de meest gevraagde spreker van Nederland. In populariteit is hij de oude meester uit Wales aan het overtreffen.

In Arnhem zet Van der Gijp de neus van zijn Mercedes bijna tegen de slagboom van het verzekeringsgebouw. Hij drukt op een oranje knop. Er gebeurt niets. Hij schiet alweer in de lach. 'Man, ik lach me gek bij al die bedrijven in Nederland', zegt hij. 'Echt waar. Je komt de vreemdste dingen tegen. Laatst moest ik een lezing geven voor een firma in verpakkingen, ergens achter Amersfoort. Ze hadden daar zeker een heel slechte bedrijfskantine, want er had iemand in de gang gekotst. Hadden ze er een hekje omheen gezet. Zo'n geel ding, weet je wel? Zo'n hekje dat waarschuwde voor uitglijden. Ik zeg tegen die receptioniste: *Er heeft iemand in de gang gekotst.* Zegt ze: "Nou, dan zal ik even bellen." Maar verder gebeurde er niets. Iedereen ging weer door met waar hij mee bezig was. Alsof er elke dag iemand in de gang over zijn nek gaat. Na een tijdje ben ik ook maar weer verder gelopen. Kots met een hekje eromheen. Ben ik nou de enige die dat gek vindt?'

Dan kondigt het gekraak van de intercom verlossing aan. Even later zwaait de slagboom open. Grijnzend rijdt Van der Gijp er onderdoor. Hij heeft geen idee wie hij vanmiddag precies gaat toespreken. Hij heeft van zijn management een naam opgekregen van degene die hem straks zal opvangen, een adres dat hij in zijn navigatiesysteem kon invoeren en voor de rest zou hij het wel zien. Waar hij ook is en wie hij ook toespreekt, de kern van zijn boodschap is toch altijd hetzelfde: neem jezelf niet al te serieus, maak het jezelf in het leven niet onnodig moeilijk.

René van der Gijp weet uit eigen ervaring dat niet iedereen zo denkt. Sommige mensen maken er een worsteling van. Zijn eigen vader was op het einde van zijn leven zo. 'Een paar jaar voor zijn dood nam zijn gezondheid steeds meer af. Hij kon slecht lopen. Mijn vader had een scootmobiel, maar daar schaamde hij zich voor. Hij was vroeger rechtsbinnen van het Nederlands elftal geweest en nu kon hij niet meer lopen. Dat kon hij niet verkroppen. Mijn vader was een vechter. Het tegenovergestelde van mij. Ik kan me snel ergens bij neerleggen. Hij niet. Hij wilde vasthouden aan zijn oude leven, zelfs toen zijn gezondheid het niet meer toestond. Hij ging bijvoorbeeld altijd naar die ene kapper in Dordrecht, zijn hele leven lang, en dat wilde hij blijven doen. Ik zei: *Laat toch een kappertje thuiskomen, dat is veel lekkerder.* Maar dat ging er niet in bij hem. Hij moest en zou naar die kapper. Soms was hij dan zo nerveus dat ik dacht: die blijft dood naast me. Zijn hele dag werd er door bepaald. Is die kapper er wel? Hij zal toch niet ziek zijn? Zullen we kunnen parkeren? Wat moeten we doen als het te druk is? Helemaal in paniek, die man. Hij maakte het leven soms liever moeilijk, dan makkelijk. Dat vond ik jammer, want ik heb perfecte ouders gehad en altijd het beste voor mijn vader gewild. Daarom probeer ik het anders te doen.'

Even later, bij de receptie van het verzekeringsgebouw. De organisatoren staan al te wachten. Zijn ogen schieten heen en weer. René van der Gijp ziet veel. 'Een compleet bedrijf waar iedereen netjes zijn overhemd in zijn broek draagt', fluistert hij. 'Apart.' Er worden handen geschud en toegangspasjes uitgedeeld. 'Laatst was ik ook bij een bedrijf waar ik me eerst bij de receptie moest inschrijven. 'Wat is uw naam?', vroeg die mevrouw. Ik zeg: 'Van der Gijp.' Zegt die vrouw: 'Nee, dat kan niet. U staat namelijk niet in de computer.' Ik zeg: 'Mevrouw, denkt u nou echt dat ik de hele weg van Dordrecht naar hier ben gereden om u te vertellen dat ik niet René van der Gijp ben?' Snapte ze niet.'

Een lift brengt het gezelschap naar de plek van handeling. Daar moet hij even wachten tot de volgende spreker klaar is. Een mevrouw komt een handtekening vragen. 'Hij is niet voor mij hoor, maar voor een collega. Het schijnt dat u zijn idool was vroeger', zegt ze. Van der Gijp knikt. 'En gaat het verder wel goed met hem?' Soms waaien er flarden vanaf het podium de coulissen binnen. De woorden 'brandschade' en 'workflow' vallen.

Van der Gijp gaat het straks over heel andere dingen hebben. Misschien begint hij met die anekdote over die keer dat hij bij Oranjes wedstrijdbespreking de videoband van de aankomende tegenstander had verwisseld met een pornofilm. En hoe Michels toen geen spier had vertrokken, nadat De Generaal eigenhandig de recorder had aangezet. 'Ik hoop dat jullie er iets van opgestoken hebben', zou de bondscoach gezegd hebben en wandelde volgens de overlevering daarna rustig terug naar zijn kamer. Niemand weet eigenlijk of het precies zo gebeurd is, maar dat maakt allang niet meer uit. Het is inmiddels een klassieker in dit subgenre, eentje die qua status ongeveer vergelijkbaar is met de tv-grap over een staande Wesley Sneijder in zijn Hummer.

Maar misschien begint hij straks ook wel wat serieuzer, bijvoorbeeld met een verhaal over het ontlopen van onnodige stress. Vaak gebruikt hij de nationale luchthaven als voorbeeld, want er zijn weinig plekken waar René van der Gijp zich ongelukkiger voelt dan op Schiphol. 'De stress van al die mensjes! Daar kan ik echt niet tegen. Ik vind Schiphol een van de ergste plekken van Nederland. Als ik Daniëlle en die kleine afzet voor hun vakantie, weet ik niet hoe snel ik weer naar P1 moet rennen. Snel weg daar. Gelukkig ga ik zelf nooit op vakantie. Ja, af en toe een uitstapje. Misschien met Rob Jansen een paar daagjes naar Zuid-Frankrijk. Maar je krijgt mij niet in zo'n vakantiepark. Echt niet. Dat zou voor mij de grootste straf zijn: in het buitenland met heel veel vreemden worden opgesloten. En dan twee weken lang, terwijl het heel warm is. Nee, bah. Ik denk dat ik al vijftien jaar niet op vakantie ben geweest. Alleen zo'n vliegreis al. Die zenuwachtige mensen, allemaal nerveus, allemaal duwen in het gangpad, koffer onder de stoel, koffer in de bagagebak, nee, toch onder de stoel.... Kom op, hé! Daar word je toch gek van? Ik probeer altijd maar zo snel mogelijk mijn oogjes dicht te doen, dan hoef ik het tenminste niet te zien.'

Vakantie, hij ziet er het nut niet van in. 'Ik snap het concept niet. Ik heb het thuis prima naar mijn zin, weet precies waar ik aan toe ben. Ik hoef met niemand te praten wanneer ik niet wil, hoef niets te doen waar ik geen zin in heb. Waarom zou ik dat inruilen voor een plek een paar duizend kilometer zuidelijker, waar ik maar moet afwachten wat ik aantref en hoe het loopt? Sommige mensen gaan op vakantie om andere mensen te leren kennen, contacten op te doen. Nou, ik niet. Dat is wel het laatste dat ik wil. Daarom gaat die kleine altijd lekker met zijn moeder. Tienduizend keer van de glijbaan. Heeft-ie een wereldtijd. Iedereen blij. Ja toch?'

In het aangrenzende zaaltje wordt beschaafd geapplaudisseerd. Het is voor het eerst dat Van der Gijp even aandacht toont voor de gang van zaken op het podium. Over enkele ogenblikken wordt hij daar zelf verwacht. Hij houdt zijn hoofd nu een beetje schuin en draait zijn oor richting de zaal, het applaus taxerend met de vakkundige blik van een meesterslager die zijn vlees keurt. 'Ik hoor het al', zegt hij. 'Duf publiek. Volledig suf geluld.' Hij weet wat hem nu te wachten staat, maar hij kan er zo te zien niet warm of koud van worden. Langzaam staat hij op, slaat nog eens iemand van de organisatie op de schouders en zegt: 'Wat maakt het allemaal uit?' Nog een slokje water, even checken of de gulp niet toevallig openstaat en dan is hij er weer klaar voor. 'Alleen nog even mijn overhemd in mijn broek doen, mevrouw', zegt hij tegen een inmiddels ietwat nerveuze organisatrice. 'Dat hoort hier, hè?' Dan wandelt hij rustig het podium op, grijnzend, ogenschijnlijk honderd procent ontspannen. Hij heeft nog nauwelijks notie van wat hij zal gaan zeggen, maar dat lijkt hem in het geheel niet uit te maken. Er schiet hem altijd wel wat te binnen.

Zijn toehoorders van vanmiddag gelden als aanstormende talenten in de commerciële wereld van de verzekeraars. Ze zijn jong, serieus en ambitieus. Meer dan de helft bestaat uit vrouwen. De meesten van hen weten weinig van voetbal. Althans, te oordelen naar de verbaasde gezichten die ze trekken wanneer René van der Gijp de microfoon pakt en in het wilde weg begint te praten over Lowietje, Dickie, Guus, Bertje, die kleine uit Argentinië, Mariootje, De Kromme, Hansie-Hansie en ene Oude Kraay. Ze hebben geen idee over wie hij het heeft. Tussendoor krijgen ze advies over het leven. 'Jullie zijn nog jong', zegt Van der Gijp. 'Maak het allemaal niet te pijnlijk voor jezelf. Kies ervoor om iets te doen waar je gelukkig van wordt, ga niet elke dag die strijd aan. Blijf niet je hele leven in dit soort lelijke gebouwen zitten. Met lelijke kunst aan de muur.'

In eerste instantie wordt er vooral met verbazing op zijn woorden gereageerd. Dit is nogal een contrast met de vorige spreker, wiens climax bestond uit een tabel met cijfers over een of andere brandverzekering. Zijn opvolger heeft het inmiddels over die keer dat hij een autoshowroom in België binnenstapte om een Porsche te kopen. Ook dit is een geheide kraker in het repertoire, al was het maar omdat hij in de verte doet denken aan de meest klassieke playboy-anekdote uit de voetbalgeschiedenis. Die waarin George Best in bed ligt met een half ontklede Miss World, de sprei bedekt met een klein kapitaal dat zojuist op het casino is buitgemaakt en de oude, Ierse bellboy die na het binnenbrengen van de champagne vraagt: 'Georgie, where did it all go wrong?' 'Soms vragen mensen ook weleens aan mij: Gijp, waar is het nu fout gegaan met jou? Dat kan ik ze dan altijd precies zeggen. Het ging fout met mij toen ik bij Lokeren mijn handtekening zette onder een contract en gelijk 150 duizend gulden tekengeld in mijn handen kreeg. Ik reed er vanuit het stadion linea recta mee naar de Porsche-dealer in Gent, wees op de grootste die er stond en vroeg: *Wat kost die?* "Zoveel Belgische franks", zei die man. Omgerekend: 148 duizend gulden. Ik knik. Die man zegt: "Hoe wilt u het betalen?" Ik zeg: *Nou gewoon, ik heb het bij me*. Ik geef die vent 150 duizend en zeg: *Laat het wisselgeld maar zitten.* Lekker gevoel, hoor. Heerlijk. Maar daar, die dag, toen ging het fout met mij.'

21. Finale

'Mijn grote vriend Maarten Spanjer vertelde me een keer over een interview met Jack Nicholson. Ze vroegen: waarom bent u eigenlijk acteur geworden? Nou, zei Jack toen, op de eerste plaats heb je heel veel vrije tijd. Daarnaast is het leuk om te doen, verdien je bakken met geld en staan er altijd een hoop lekkere wijven voor je klaar. En dat zouden best weleens een paar van de redenen kunnen zijn, waarom ik acteur ben geworden. Vond ik mooi. Hij prees dus niet zo zeer het acteren zelf, als wel het leven dat hij dankzij het acteren kon leven. Daar herkende ik wel iets in.'

-Zo was het bij jou ook?

'Beetje wel. Ik vond niet alleen het voetbalwedstrijdje leuk, maar ook alles wat er omheen gebeurde. De media, de aandacht, de kleedkamergrappen, de feestjes, de trainingskampen, de meisjes, het stappen, alles. Dat wilde ik allemaal meemaken en ervan genieten.'

-Dat begrijpt niet iedereen.

'Nee. Nog steeds kom ik soms mensen tegen die mij eraan helpen herinneren dat ik nog vier interlands heb meegespeeld in aanloop naar het EK'88. Als jij er nou helemaal voor had geleefd en alles opzij had gezet, zeggen ze er dan altijd bij, dan had jij óók Europees kampioen kunnen worden in Duitsland.'

-Is toch ook zo?

'Jawel, misschien wel. Maar ik heb besloten om tussen mijn zeventiende en mijn 34ste gewoon door te leven. En daar heb ik geen moment spijt van gehad.'

-Nee?

'Nee, echt niet. Dat ken ik niet, spijt. Ik heb nog nooit iets in mijn leven gedaan waarvan ik nu zeg: ik wou dat ik dat gelaten had.'

-En als je het over mocht doen?

'Wat dan?'

-Zou je dan deze keer wél alles opzij zetten, als je zeker wist dat je daarmee in 1988 de EK-finale zou spelen? En de winnende zou scoren?

'Nee hoor. Schei eens uit. Dan maar geen finale.'

22. 'Een paar whisky's en wat televisie. Dat helpt'

Halverwege de lezing in Arnhem. Van der Gijp is zijn publiek langzaam maar zeker volledig voor zich aan het winnen. Zijn boodschap – maak je niet zo druk – mag dan wat basaal klinken en is misschien grotendeels onbereikbaar voor een gezinshoofd van 25 jaar die aan het begin van zijn verzekeringsloopbaan staat en thuis net een hypotheek is aangegaan, maar één voor één vallen de toeschouwers nu voor zijn charisma. Ongemerkt krijgt hij het zaaltje in zijn greep. Hij windt nu zelfs de aanwezige voetbalhaters om zijn vingers. Dit zijn de momenten dat zijn ervaring van pas komt. Van der Gijp heeft duizenden van dit soort lezingen verzorgd, vaak voor zalen nog veel stugger dan hier. Hij weet inmiddels hoe hij de boel kan loswrikken, wat hij moet doen om van die rollende salvo's over de rijen te laten gaan. Al is het soms hard werken. 'Amsterdam, dat is altijd lastig. Moeilijk publiek, man. Ze komen wel naar je luisteren, die Amsterdammers, maar ze zijn niet bij voorbaat bereid om ook om je te lachen. Het lijkt wel of ze het hun eer te na vinden. Rotterdam is heel anders. Dat is veel gemakkelijker publiek. Die hebben zich juist thuis al voorgenomen om lekker te gaan lachen. En dat doen ze dan ook.'

Na een uur is Van der Gijp klaar. Hij heeft zich de blaren op zijn tong gepraat. Het ging over van alles. Over Michels en diens eigenaardigheden. Over hoe raar mensen soms kunnen doen, en dat het maar het beste is daar hard om te lachen. 'Mijn doel is eigenlijk om binnen een uurtje zo veel mogelijk te ontregelen. Als ik de gedachten van die mensen maar even door de war kan brengen, dan is de lezing voor mij geslaagd.' In Arnhem vertelt hij over die keer bij PSV, toen hij een vriendin had uitgenodigd om de training te bezoeken. 'Ik kende dat meisje uit de kroeg. Je kon wel met haar lachen. Had ik gevraagd of ze bij de ochtendtraining in een lange leren jas wilde verschijnen, met daaronder alleen jarretels. Was geen enkel probleem. Toen we het veld opkwamen, stond ze al langs het lijntje. We waren tien minuten aan de gang, iedereen had haar al scherp in het vizier gehad. Toen gaf ik het teken. Ging opeens die jas open. Mooi man! Héérlijk! Die gasten werden helemaal gek. De helft had nog nooit zoiets gezien. De boel even ontregelen, dat kan soms heel bevrijdend werken.'

Na afloop, in de geïmproviseerde foyer. Zijn ogen schieten heen en weer. René van der Gijp zoekt de uitgang. Dat doet hij altijd. Automatisch. Hij voelt zich niet prettig wanneer hij niet in controle is. Dat is ook een reden dat hij liever niet vliegt. Al overweegt hij de laatste tijd voorzichtig om speciaal voor FC Barcelona een uitzondering te maken.

'Dat is wel zo bijzonder, die jongetjes van Barcelona. Xavi, Iniesta en al die andere mannetjes. Dat moet ik gewoon een keer met eigen ogen hebben gezien. Dan maar even doorbijten op dat Schiphol.'

Volgens hemzelf lijdt hij aan een lichte fobie. 'Vermijdingsgedrag. Liever niet vliegen, mensenmassa's vermijden, dat soort dingetjes. Ik vind het zelf niet zo vreemd. Ik ben gewend dat ik zo ben. Ik verbaas me eerder over anderen. Ik zie weleens op televisie van die mensen die dan bij een wedstrijd van Feyenoord in een vrijwel leeg tribunevak aankomen en dan helemaal in het midden gaan zitten. Dat vind ik echt meesterlijk. Zelf zou dat niet in me opkomen. Ik zou nóóit in het midden gaan zitten. Altijd aan het randje. Dat je wel weg kunt. Daarom heb ik ook zo'n hekel aan stilstaande files. Hetzelfde gevoel.'

De organisatie heeft dan ook nog niet gevraagd of hij misschien even wil blijven hangen om gezellig na te praten over verzekeringen en andere spannende zaken, of hij heeft zijn jas al aan en is met cadeau en al op weg naar het parkeerterrein. Hij is moe. Hoewel dit werk er bedrieglijk ontspannen uitziet, kost het in werkelijkheid veel kracht. 'Er gaat niet veel aan mij voorbij', zegt hij daar zelf over. 'Als ik een lezing geef, kan ik bijna de emoties van die mensen voelen. Ik zie aan die mensen hoe mijn verhaal binnenkomt en hoe ze het verwerken. Dat is vermoeiend.'

Op de terugweg wordt er in de auto een stuk minder gelachen dan op de heenweg. Dit zijn de momenten waarop de zwaarmoedigheid soms op de loer ligt. Alleen in de auto, rijdend langs de verlaten tankstations aan de rand van het asfalt, kan René van der Gijp zich soms heel veel levensvragen tegelijk gaan stellen. Centrale thema: waar gaat het eigenlijk allemaal over?

Het lijkt het eeuwenoude dilemma van de clown die het ene moment nog de gevierde man in de circustent is en die even later, afgeschminkt en alleen, weer anoniem in zijn stille kleedkamer zit. Het contrast is soms te groot, de overgang te snel. 'Soms geef ik eraan toe, aan dat gevoel', zegt hij achter het stuur. 'Dan blijf ik tot laat op. Nadenken. Gelijk slapen kan ik toch niet. Maar meestal neem ik als ik thuiskom een paar whisky's en kijk wat televisie. Dat helpt.'

23. Kleine dingetjes

-Wat zoek je eigenlijk in al dat voetbal?

'Nou, gewoon.'

-Gewoon wat?

'Ja… weet je wel… gewoon, kleine dingetjes.'

-Wat voor kleine dingetjes?

'Een onverwachte terugspeelbal van Xavi, een blik van Ibrahimovic. Dat soort dingetjes. Maar ook Özil, als die zijn gezicht in zijn shirt verbergt wanneer Cristiano Ronaldo voor de negende keer voor eigen succes is gegaan. Heerlijk man. Als ik zoiets zie, is mijn hele weekeinde in één keer goed. Dat meen ik echt.'

24. 'Het is behoorlijk uit de hand aan het lopen'

Het was dan vroeger soms hard werken om een zaal in de juiste stemming te krijgen, tegenwoordig verlangt René van der Gijp steeds vaker even terug naar die dagen. Hij zou inmiddels een moord doen voor een publiek waarvan de helft eerst nog eens goed moest nadenken wie hij ook alweer was. Maar die tijd is definitief voorbij. René van de Gijp is een mediafenomeen geworden. Zijn bekendheid reikt inmiddels tot ver buiten de lijnen van het voetbalveld. En dat heeft niet alleen maar voordelen.

Zalen van minder dan een paar honderd mensen zijn een uitzondering geworden. Soms staat hij opeens oog in oog met negenhonderd man. 'Ja, het is behoorlijk uit de hand aan het lopen', lacht hij op zijn favoriete terras aan het water, op een van de weinige dagen dat hij even geen lezing hoeft te houden. 'De mensjes komen met steeds meer en ze gaan zich ook steeds vreemder gedragen. Zodra ze je zien, hangen ze al van die telefoontjes voor je neus. Gaan ze je filmen of foto's van je maken. Zelfs als ik even mijn handen ga wassen op het toilet moet ik nog uitkijken dat er niet zo'n amateur-Spielberg achter me aanloopt. Het is heel vreemd. Vroeger sprak ik ook al veel bij amateurclubs, maar dan meestal voor de leden van de businessclub. Nu is de hele kantine afgeladen met halfdronken mensen. Sommigen beginnen te schreeuwen als ze me zien. Moeders nemen hun kinderen mee. Af en toe staat de hele eerste rij vol kinderwagens. Als ze allemaal tegelijk gaan huilen, kom ik er nooit meer bovenuit. Er duiken ook steeds vaker persfotografen op. Het houdt de mensjes nogal bezig, dat gedoe van mij.'

Als voetballer was René van der Gijp een vriend van de media. Journalisten waren altijd welkom, mits enigszins gezellig van karakter en rijkelijk voorzien van gevoel voor humor. Interviewers werden in principe nooit teleurgesteld, want elke aanleiding om de sleur van alledag te doorbreken werd door de voetballer Van der Gijp met groot enthousiasme aangegrepen. Hij was een van de weinige spelers die het gezellig vond om met journalisten te praten.

Ook na zijn loopbaan bleef hij geregeld de spotlights opzoeken. Van der Gijp was onder meer analist en commentator bij voetbalwedstrijden en ook een tijdje sidekick avant la lettre bij het tv-programma Barend & Van Dorp. Het idee was leuk – de ex-voetballer als eenmansversie van Waldorf and Statler op een balkon, vanwaar hij zijn grappige opmerkingen over de tafel kon uitstrooien – maar een groot succes werd het in de praktijk niet. Dan verliep zijn korte zangcarrière nog beter. Zowel de carnavalsingle Het Kleine Café aan de Haven van het duo Koek en Zopie (Mario Been en René van der Gijp) als de latere solo single Geef me Hoop Jomanda waren weliswaar niet om aan te horen, maar de laatste bereikte volgens Van der Gijp in elk geval wel een nummer 1-notering in Suriname.

Maar zo graag als hij destijds nog in het middelpunt van de belangstelling stond, zo vaak droomt hij tegenwoordig van wat meer anonimiteit. Het heeft allemaal te maken met de hype die in 2010 ontstond, toen hij uit het niets uitgroeide tot blikvanger van VI Oranje, het dagelijkse tweevoudige tv-programma dat meeliftte met elk succes van het Nederlands elftal, net zo lang tot in Zuid-Afrika de finale was bereikt en het gebabbel van Van der Gijp, Derksen en Genee in Nederland zo ongeveer het gesprek van de dag was geworden.

Als René van der Gijp die wonderlijke zomer voor het eerst zijn auto in de garage onder het Kurhaus parkeert en het statige hotel binnenkuiert, gebeurt dat nog in betrekkelijke anonimiteit. Wanneer hij zich die avond als debutant aan de toog van de beroemde Kurhausbar meldt, kijken de wereldsterren vanuit hun lijstjes op hem neer. Iedereen is hier geweest. Van Marlène Dietrich tot Frank Sinatra en van Edith Piaf tot Duke Ellington. Samen vormen hun statige, zwart-witportretten een imposante eregalerij. Ze brengen Van der Gijp al gelijk op een idee.

Hij is van plan nog deze week op een onbewaakt ogenblik het portret van Mick Jagger van de muur te wippen en deze ongezien te vervangen door een afbeelding van zichzelf.

Het zal er in werkelijkheid nooit van komen en dat is jammer, want het zou achteraf een symbolische handeling zijn geweest. In vijf weken en een oneindige reeks dagelijkse uitzendingen vanuit Scheveningen, groeit Van der Gijp definitief uit tot een mediahype. Hij dankt dat aan een unieke mix van goed getimede grappen en zinnige opmerkingen over voetbal. Als telkens terugkerend bewijs voor zijn voetbalinzicht wordt bovendien zijn voorspelling van Spanje als wereldkampioen gezien, iets wat zijn geloofwaardigheid in bepaalde kringen gaandeweg het toernooi in steeds hogere mate opschroeft. Zelfs wanneer de Oranjekoorts in Nederland traditioneel dusdanige vormen aanneemt dat de fans het ophalen van de wereldbeker alleen nog als een formaliteit beschouwen, blijft hij als een van de weinigen volharden in zijn mening: die Spanjaardjes zijn niet te kloppen. Ook niet door Oranje. 'Als we Spanje op een goede dag treffen, schieten die er gewoon voor de gezelligheid vijf in', waarschuwt hij het Nederlandse volk op 3 juli van dat jaar. Niemand wil hem dan nog geloven.

Intussen groeit hij uit tot publieksfavoriet aan de VI-tafel. Niet alleen om wat hij zegt, maar ook heel erg om hoe hij het zegt. Soms is het wat plat, maar dat mag de pret nooit drukken. Vooral niet wanneer hij een anekdote uit zijn eigen spelerstijd openbaar maakt. Als de leeftijd van de Afrikaanse spelers op het WK ter sprake komt bijvoorbeeld. 'Ik heb bij Sparta nog met Prince Polley gespeeld. Die was zestien jaar, maar daar durfde niemand mee onder de douche te gaan staan. Die stond zich drie keer per dag te scheren.' En op 3 juli, wanneer zijn oude Sparta-maatje Wim Suurbier in het publiek zit. 'Wanneer dat nieuwe spelers binnenkomen wacht je toch altijd op het moment dat ze zich uitkleden. Dat is altijd een speciaal moment. En dat had ik bij Wim ook. Er komt toch wat binnen: interlands, Ajax, Europa Cups. En op een gegeven moment stond-ie in zijn onderbroek, en ik dacht: die gaat-ie dadelijk toch uitdoen. En dat mag ik zien! Dus op een gegeven moment doet-ie hem uit, en ik kijk en hij kijkt naar mij zo van: "Wat is er?" Ik zeg: *Wim, wist jij dat er hier in Blijdorp van die hele grote grijze dingen over het zand lopen die daarmee nootjes van de grond halen?* Sindsdien ben ik z'n beste vriend.'

De kijkcijfers stijgen met elke overwinning van Bert van Marwijk en zijn mannen. Er begint in en rond het Kurhaus iets te ontstaan dat op een koorts lijkt. René van der Gijp merkt het ook. Meestal aan kleine dingen. Aan de cadeautjes en de briefjes van wildvreemden die voor hem bij de hotelreceptie worden achtergelaten bijvoorbeeld. En aan dat hele gezin uit Roermond dat plotseling op een bloedhete zaterdagmiddag in Scheveningen op het terras staat. Ze zijn speciaal overgekomen voor een hand en een foto van hun idool en staren Van der Gijp aan alsof hij een zeldzame archeologische vondst is. Er is die middag nog niet afgedrukt, of het hele spul zit alweer zwaar transpirerend en volledig opgevouwen in de Renault Twingo, terugracend naar het Zuiden. 'We willen het begin van de avonduitzending niet missen', zegt de vader bij het haastige vertrek.

Rond de kwartfinale tegen Brazilië is de waanzin op z'n hoogtepunt. Mensen beginnen zelfs Johan Derksen met cadeaus te overladen. De hoofdredacteur van VI hoeft zijn doorrookte Chrysler maar voor de deur van het hotel te parkeren en uit te stappen, of het gebedel om handtekeningen en fotosessies begint al. Er worden nog net geen rozen-bladeren aan zijn voeten gelegd, maar verder is het steeds meer alsof de dalai lama zijn intrede in Scheveningen heeft gedaan, in plaats van de knorrige hoofdredacteur van een voetbalweekblad. Gelukkig verbaast Derksen zich er zelf nog het meest over. Jarenlang was hij gewend te worden uitgescholden en bedreigd – soms virtueel, maar vaak ook verdomd echt – en nu blijkt hij opeens de aaibaarheidsfactor van een teddybeer te hebben. Maar meer dan verwondering wekt dat vooralsnog niet bij hem op. Hij blijft gewoon doen wat hij altijd doet. Derksen neemt nog steeds alle tijd voor al die mensen die de provincie hebben verlaten om hem hier, voor de deur van het statige Kurhaus, de zoveelste doos verkeerde sigaren in handen te drukken.

René van der Gijp is anders. Die onttrekt zich waar het kan aan de massa. Hij blijft gaandeweg die zomer steeds langer binnen de gouden hekken van het hotelcomplex. Steeds vaker ook is zijn silhouet waarneembaar op het privébalkon met zeezicht, alleen en onderuit gezakt op een stoel, petje op tegen de ondergaande zon, de voeten losjes bungelend over de balustrade en met zijn gedachten ver achter de horizon.

Intussen lijkt met elke uitzending de sfeer in het programma losser te worden. René van der Gijp vindt precies de toon die het best past bij de krankzinnige wereld die hij becommentarieert. Op de wonderlijke dag waarop uitlekt dat de spelers van het Nederlands elftal een privékapper naar Zuid-Afrika hebben laten overkomen, hoewel het merendeel van de selectie vrijwel geen haar op het hoofd heeft, zijn steeds meer Nederlanders benieuwd naar wat René van der Gijp daar nou van vindt.

Zelf heeft hij wel een verklaring voor het succes. 'Er zit bij ons weinig verschil tussen hoe we voor en achter de camera zijn. We zijn dus grotendeels onszelf, maar toch heeft ook iedereen een vaste rol. Daar zijn we zo in gegroeid. De kracht van het programma is de onderlinge chemie. Iedereen voegt iets toe. Wilfred Genee houdt de snelheid en de spanning erin. Hij heeft iets vals over zich, wat goed is, want wij maken geen feelgoodtv. En Johan Derksen vind ik echt een fenomeen op televisie. Ook non-verbaal. Dat onverstoorbare van hem vind ik erg goed. En hij is snel. Als ik zeg dat die kleine Dick Advocaat weleens 's nachts uit zijn bed stapt om zijn portemonnee te gaan zoeken en dan tot 's ochtends vroeg zijn geld gaat tellen, dan zegt Johan gelijk: "En als er genoeg in zit, rent Dickie heel hard juichend door de kamer, in zo'n pyjamaatje met rode brandweerwagens." Daar kan ik op de terugweg naar huis van in de lach schieten, van zulke dingen. Verder is onze kracht dat we nooit iets voorbereiden of vooraf bespreken. Ik ga altijd blanco aan die tafel zitten. Dat is het best volgens mij. Ik zie te veel mensen op televisie die zich vooraf iets hebben voorgenomen. Die hebben zich dan al een voorstelling van het gesprek gemaakt en raken in paniek wanneer het anders loopt. Kijk maar naar die uitzending waarin Johan Derksen zijn buurmannetje Zeljko Petrovic plotseling begint af te branden. Petrovic schrok daar van. Dit had hij niet verwacht. Maar als je helemaal niets verwacht, kun je ook nooit schrikken.'

Het is een methode die blijkt te werken en in Scheveningen

vreemde taferelen tot gevolg heeft. Er staan bijvoorbeeld imitatoren op, zowel op televisie als in het land, en op internet is een handtekeningenactie gaande om Van der Gijp tot bondscoach te benoemen. Hij heeft nog niet gezegd dat hij het bij 50.000 stemmen gaat doen, of de website ligt al plat. In het Kurhaus verandert het publiek van voetballiefhebbers ook steeds meer in dagjesmensen, onder wie opvallend veel vrouwen, vaak met roodwitblauwe boa's om en een oranje cowboyhoed van plastic op hun hoofd. Er moeten in het Kurhaus ook steeds meer dranghekken aan te pas komen, want nu wil werkelijk iedereen op de foto met de nog steeds enigszins verbouwereerde stamgasten van VI. René van der Gijp laat intussen zijn ochtendlijke strandwandelingetje steeds vaker achterwege. Liever zit hij binnen de veilige muren van het oude hotel aan de zee.

De suite waarin Van der Gijp zijn intrek heeft genomen, op de bovenste etage van het statige hotel, werd kort vóór hem nog door Hillary Clinton bewoond. Het biedt nu vanaf zijn riante balkon een ruim uitzicht over de Noordzee en godzijdank ook op de halfblote meisjes die er deze warme zomer dagelijks ter verkoeling op weg naartoe zijn. Hij mag het Nederlandse volk graag over zijn extreem lange verblijf in de presidentiële residentie inlichten, zoals hij in de uitzending van 11 juni doet. 'Er kwam vanmorgen iemand schoonmaken. Die zei: "Gaat u er dadelijk uit?" Ik zei: *Nee, ik zit er nog 35 dagen.* Die viel flauw! Die heb ik de gang op moeten dragen!'

Diep in het binnenste van het Kurhaus, waar een complete vleugel is ontruimd en inmiddels is omgetoverd tot tijdelijk televisiestation, heerst de koortsachtige bedrijvigheid die hoort bij een grootschalige operatie als deze. Techneuten slepen kabels en apparaten door de ingewanden van het oude gebouw, muzikanten brengen hun instrumentarium naar de studio voor een korte soundcheck en op de redactie wordt het internet afgespeurd op zoek naar het laatste voetbalnieuws. Hier wordt van 's morgens vroeg tot diep in de nacht gewerkt, vergaderd, voetbal gekeken, gebrainstormd en gegeten, allemaal op een paar vierkante meter en onder een constante tijdsdruk, maar toch is de stemming over het algemeen vrolijk optimistisch.

Zeker wanneer René van der Gijp zich even op de burelen laat zien, meestal om een uur of half elf in de ochtend, wanneer hij op zijn gemak ontbeten heeft en koffie gedronken op het terras. Daarna kuiert hij dan soms naar de redactie, vist wat kranten tussen de computers weg, slaat wat mensen op hun schouders en informeert naar de kijkcijfers. En altijd wordt er dan gelachen. 'Kijk, onze Jean-Marie', zegt hij op een ochtend, wanneer hij een Belgische krant openvouwt en op het portret van een breed lachende Pfaff stuit. 'Johan vertelde een keer dat Pfaff hem na een uitzending vroeg hoe hij van Hilversum naar België moest rijden. Rij maar achter mij aan, zei hij tegen Pfaff, dan geef ik bij Utrecht een seintje waar je richting Breda moet gaan. Maar toen Johan zijn straat inreed en in zijn spiegel keek, zag hij nog steeds dat gesponsorde overhemd achter zich aan rijden.'

Op de keper beschouwd is dit eigenlijk helemaal niet zo'n goede anekdote. Het heeft nauwelijks een clou en ook geen enkele spanningsboog. Toch dreigt er hier en daar al een redacteur van zijn stoel te vallen. Dat komt omdat René van der Gijp de anekdote vertelt. Dat werkt vroeg of laat op je lachspieren. Meestal vroeg.

Hij is een sfeerbepaler. Wanneer hij ergens binnenkomt, gebeurt er iets met de andere aanwezigen. Ook hier ziet iedereen hem graag komen. Zijn vrolijkheid lijkt wel besmettelijk. Toch blijft Van der Gijp nooit lang. Als de rest van de hotelgasten zich ook buiten hun kamer beginnen te wagen en de drukte op de redactie en in de televisiestudio toeneemt, sluipt hij weer op een onbewaakt ogenblik langs het hoogpolige tapijt naar boven, naar zijn suite, waar rust en regelmaat heersen, waar alles recht staat en op z'n plek ligt en René van der Gijp, zoals hij zelf zegt 'precies weet waar hij aan toe is.'

25. Moeder

-Je praat veel over je vader, maar hoe is je moeder eigenlijk?

'Zorgzaam. Echt een perfecte moeder. Een beetje op zichzelf, net als ik. Ik lijk veel meer op haar, dan op mijn vader.'

-In welke zin?

'In de zin dat ze ook niet super sociaal is. Haar gezin en wat familieleden, daar heeft ze altijd genoeg aan gehad. Ik ga nog vaak bij haar langs, hoor.'

-Klopt het dat ze jou nog nooit heeft zien voetballen?

'Ja. Op televisie waarschijnlijk wel, maar nooit in het stadion.'

-Waarom niet?

'Vond ze eng, denk ik. Ik zeg toch: ze is een beetje zoals ik. Liever in een vertrouwde omgeving. En ze zou zich alleen maar zorgen maken. Of ik niet geblesseerd zou raken. Of dat mijn vader geen hartaanval zou krijgen, als ik iets niet goed deed op het veld. Dat soort dingen. Daarom bleef ze liever thuis.'

26. 'Speldt u ze dan op uw zwembroek?'

Er is weinig dat zo prikkelend op René van der Gijp werkt als een te nadrukkelijke uiting van gezag. Dat was als voetballer al zo en dat is eigenlijk nooit veranderd. Dus als hij deze middag na een lezing in de provincie een hoge officier van de marechaussee tegen het geüniformeerde lijf loopt, een wat opgeblazen man, pronkend met een borst vol medailles, dan moét hij er gewoon even iets van zeggen. Daar is geen houden aan. Hij kan nu eenmaal niet tegen mensen die zichzelf te serieus nemen. Die wil hij ontmaskeren, het liefst met een grap.

'Ik heb een Bruna', pochte op een avond de eigenaar van een klein sigarenwinkeltje waar ook een paar tijdschriften werden verkocht.

'Goh, een Bruna', zei Van der Gijp, 'en blaffen die nu veel thuis?'

Zelf zegt hij over zijn neiging om de draak te steken met elke vorm van gezag: 'Het valt wel mee hoor. Echt. Kijk maar naar de scheidsrechters. Daar heb ik als speler ook nooit veel problemen mee gehad. Eén keer rood gekregen, omdat ik bij Lokeren weigerde mijn rugnummer te laten zien. Meer niet. Ik heb scheidsrechters ook nooit als vijanden beschouwd. Nee. Ze interesseerden me eigenlijk niet. Vaak wist ik vooraf ook helemaal niet wie er floot. Kon mij het schelen. Ik zag bij de warming-up wel wie ze die dag weer zo gek hadden gekregen. Soms was het Kees Bakker. Dat was wel leuk. Die kwam ook uit Dordrecht. Daarom deed Kees altijd extra afstandelijk tegen me. Hij wilde nooit de indruk wekken dat hij zijn plaatsgenoot voortrok. Maar dan ging ik hem juist bij de warming-up opwachten en voor het oog van de volle tribunes heel amicaal op zijn schouders slaan. Soms liep hij dan snel weg, maar dan ging ik gewoon achter hem aan. *Kees!*, riep ik dan, *Kees, kom nou! Kees, ik wil wat zeggen!* En Kees maar wegrennen.'

'John Blankenstein, dat vond ik nou een wereldvent. En een goede scheidsrechter ook. Maarten Spanjer en ik hebben hem nog in het ziekenhuis opgezocht. Toen was hij al heel erg ziek. We mochten maar even blijven, maar we kwamen om halfacht 's avonds aan en gingen pas om half twee 's nachts weer weg. Al die uren zaten we aan de rand van zijn bed. Het merendeel van de tijd was John aan het woord. Die avond vertelde hij nog één keer alle verhalen uit zijn carrière. Uren achter elkaar. En wij maar luisteren. Dat was echt onvergetelijk. De volgende morgen werd ik uit m'n bed gebeld. Z'n zus. John bleek twee uur na ons vertrek te zijn overleden. Hij had een wereldavond gehad, zei ze. Dat vond ik mooi. Daar denk ik met een heel goed gevoel aan terug, aan die nacht.' Maar wel of niet gezagsgetrouw: nu, ergens diep in de provincie en oog in oog met een trotse militair, volgehangen met blinkende medailles, kan René van de Gijp zich toch niet meer beheersen. 'Goh', zegt hij, terwijl zijn vingers met het trosje eremetaal van de man spelen, 'en hoe lost u dat nou op met vakanties? Speldt u ze dan gewoon op uw zwembroek?'

27. Vijftig

-Is het eigenlijk prettig om vijftig jaar te zijn?
'Nee, man. Natuurlijk niet.'
-Waarom niet?
'Omdat je oud wordt. Dat is nou niet iets waar ik me op verheug.'
-Maar wat is er dan zo erg aan oud worden?
'Nou, alles.'
-Fysieke ongemakken?
'Ook. Ik zal een voorbeeld geven. Drie jaar geleden, toen ik mijn saunaatje kreeg, kon ik nog gewoon zonder problemen de VI lezen. Maar nu moet ik eerst onder een felle lamp gaan zitten, anders zie ik niks. En ik moet een grote bril op, wil ik het allemaal nog kunnen ontcijferen. Dat is toch niet leuk?'
-Nee. Ook omdat die bril natuurlijk de hele tijd beslaat in zo'n sauna.
'Ook dat, ja. Moet je weer met een handdoek in de weer om dat op te lossen. Nee, je wordt er niet vrolijker van, van dat ouder worden.'
-Veel voetballers leven na hun carrière met pijn. Jij ook?
'Nee, dat valt wel mee. Mijn rechterenkel is nog altijd wat dikker dan normaal en soms heb ik last van mijn achillespezen. Maar verder gaat het wel.'

-Je raakte voor het eerst serieus geblesseerd in Zwitserland, toch?

'Op de training bij Neuchâtel. Ik wilde een bal blokken. Die gozer schoot precies op de punt van mijn schoen. Enkel dubbel, alles kapot. Ben ik geopereerd door dokter Marti in Sankt Moritz, dezelfde arts als Van Basten. Aan twee kanten ben ik toen opengemaakt en zijn alle botsplinters weggehaald. Heb ik een tijdje in het gips gezeten.'

-Tot je bijna uit je eigen gips knalde, zo dik werd je.

'Als speler was ik altijd al een grote eter. En als je dan niet beweegt, dan gaat het hard. Kaasfondue, hè, in Zwitserland. Daar val je niet van af, hoor. Toen het gips werd verwijderd, bleek ik tien kilo te zwaar. Werd ik door de club naar een exclusieve afslankkliniek gestuurd in Montreux.'

-En?

'Ja, leuk. Ik vond het niet erg. Je werd de hele dag gemasseerd in heetwaterbaden en als je eruit kwam was je een kilo kwijt. Wat is daar erg aan? Verder werden er oefeningen met je gedaan en zat je urenlang te zweten in de sauna. Het enige nadeel was: je kreeg er nauwelijks te eten.'

-Vreemd, voor een afslankkliniek.

'Ja, yoghurt en fruit. Maar verder niks. Gelukkig had ik op de derde dag tijdens een wandeling al een pizzeria ontdekt. Dat gaf me kracht. Ik dacht: als ik het écht niet meer houd, kan ik altijd nog daarheen. De vijfde dag zat ik er al. Pizza

Salami. Heb ik twee dagen last van gehad. De schijterij. Gelukkig val je daar ook vanaf.'

-Wat was het voor kliniek?

'Een poepsjieke bedoening. Soort kasteel, met uitzicht op het Meer van Montreux. Het bleek helemaal vol te zitten met allerlei wereldsterren. David Bowie schuifelde er rond, Catherine Deneuve, dat soort mensen. Het was heel gek. Je kon in de bibliotheek opeens tegen mevrouw Mendoza opbotsen, de vrouw van de voorzitter van Real Madrid.'

-Had je contact met ze?

'Ja. Dat kwam omdat Sierd de Vos was langsgekomen voor een interview. Die volgde mij de hele dag met een cameraploeg. Toen dachten Bowie en die andere sterren natuurlijk: hoe beroemd moet die gozer wel niet zijn, als hij de enige is die hier wordt gefilmd? Daardoor kwamen ze af en toe een praatje maken en vroegen ze wie ik eigenlijk was. Zat ik in de tuin plotseling heel geanimeerd te praten met Geraldine Chaplin, die actrice, de dochter van Charlie. Die is trouwens goed voor een paar miljard, wist je dat?'

-Nee.

'Ja. Als ik iets beter mijn best had gedaan in die tuin, had ik nooit meer hoeven voetballen. Had ik zo met die dikke pens de deur uit kunnen lopen.'

-Maar in het echt?

'In het echt heb ik er een dag of tien gezeten. Zes kilo

lichter ging ik de deur uit. Op een ochtend kwam ik ook Roger Moore nog tegen. Dat was in de sauna. Ik ging tegenover hem zitten. Ik wees naar hem en zei: *Hé, Ivanhoe!* Ik wist dat dat de enige rol uit zijn loopbaan is waar hij zich voor schaamt. Dat klopte ook, want Roger pakte zijn handdoekje en vertrok zonder één woord te zeggen naar buiten. Ik heb hem daarna nooit meer gezien, onze 007.'

28. 'Je denkt toch niet dat ik ga schieten?'

René van der Gijp mag dan spontaan in de lach schieten bij de aanblik van een opgepompte brigadegeneraal met een borst vol medailles, zelf is hij toch ook onder de wapenen geweest. Als dienstplichtig militair was hij in de beginjaren tachtig gelegerd aan de rand van Scheveningen en Den Haag, op een steenworp van het Kurhaus.

Het werd geen succes.

Veel hoefde dienstplichtig soldaat Van der Gijp niet te doen, want zelfs in het Nederlandse leger bleef hij een zondagskind. Dat dankte hij aan ene overste Janssens, een beroepsmilitair die buiten diensttijd KNVB-lid was. Die regelde niet alleen dat de voeten van de talentvolle Spartaan de knellende soldatenkistjes bespaard bleven, Van der Gijp hoefde zelfs niet eens een uniform te dragen als hij daar geen zin in had. Dat hij als aanvoerder van het Militair Elftal een beetje fit bleef, dat leek de overste een stuk belangrijker.

'Ik was een soort hulpje van die man', zegt Van der Gijp op een middag, zittend achter een uitsmijter zo groot als een stoeptegel, ergens in het restaurant van een nogal triest stemmend Van der Valk-hotel langs de A20. 'Ik deed niet veel. Overste Janssens hield me uit de wind. Een aardige man. Gek van voetbal. Ik kon alles maken. Als hij op pad ging, trok ik weleens een jas van hem aan. Zo'n hele mooie, volgehangen met strepen en insignes, en met een hele borst met medailles. En dan maar wandelen. Eerst over het kazerneterrein. Begon iedereen opeens naar me te salueren. Heerlijk was dat. Ik terugzwaaien. Later ging ik mijn werkterrein verleggen. Liep ik ook een paar rondjes over de boulevard in die jas. Had je de mensjes naar me moeten zien kijken.'

Van der Gijp vertelde destijds over deze gewoonte aan een verslaggever van VI. Dat had hij beter niet kunnen doen. 'Het stond een week later in dat blad. Vonden ze op de kazerne niet leuk om te lezen. Toen moest ik zowel eerste als tweede kerstdag voor straf wachtlopen. En ook op oudejaarsavond. Kwam Johan Derksen me trouwens gezelschap houden. Hij vond het zielig voor me. Johan is de hele oudejaarsnacht bij me gebleven. Was mooi. Toen om twaalf uur het vuurwerk boven Den Haag verscheen, stonden wij er met z'n tweeën in zo'n houten wachthokje naar te kijken.'

De reportage van die avond is bewaard gebleven. Diep weggestopt in de Goudse archieven van Voetbal International is het verslag van die nacht in de Haagse kazerne terug te vinden op vier ouderwetse zwart-witpagina's. De kop boven het artikel is er één vol zelfvertrouwen. Daar had de jonge Van der Gijp in die jaren patent op. Dit keer staat er: *René van der Gijp: 'Natuurlijk word ik een topper.'*

Op de grote foto zien we het talent van Sparta, het klassieke shirt nog zonder reclame, een zegelring aan zijn rechtermiddelvinger en op zijn bovenlip een streepje dons dat voor snor moet doorgaan. Snorren waren de tatoeages van de jaren tachtig in het Nederlandse voetbal.

De witte touwtjes van zijn zwarte Adidas-broekje hangen er te gestileerd bij om niet te vermoeden dat hier met grote zorg aandacht aan is besteed. Alles moest vroeger goed en lekker zitten bij de snelle rechtsbuiten René van der Gijp, anders lukte het niet. Ook toen al ging in het voetbal wat hem betreft de schoonheid altijd boven het resultaat. De kousen van de rechtsbuiten waren ook nooit zomaar opgetrokken, maar altijd móói opgetrokken. En nog steeds vindt hij dat uitstraling veel waard is. Daarom ergert hij zich ook zo aan de rage van de gekleurde voetbalschoenen. Vooral als ze worden gedragen door de verkeerde spelers. Toen hij Wayne Rooney op het WK in Zuid-Afrika op paarse voetbalschoenen het stadion zag binnenlopen, viel Van der Gijp in zijn Scheveningse suite bijna van de driezitsbank. 'Rooney!', schreeuwde hij toen naar het scherm. 'Met die kooivechterskop! Op páárse schoenen! Paars! Kom op hé! Dat kan toch niet? Een voetballer moet er goed uitzien, man. Dat is belangrijk.'

'Als voetballer was alles sierlijk aan René', had zijn voormalig ploeggenootje Hans Kraay jr. al eens gezegd, terugdenkend aan de jaren waarin ze samen nog in de B-junioren van Feyenoord speelden. 'René was echt een mooie jongen op het veld, in al zijn bewegingen. Alles wat hij deed, zag er goed uit. Wanneer hij alleen maar naar de cornervlag liep, deed hij dat al sierlijker dan wij.'

René van der Gijp praat veel over uitstraling. 'Als ik Ronald Koeman zo zie dan denk ik: je moet ook nog wel 15 kilo afvallen voordat je weer op dat veld gaat staan', zei hij in 2009 een keer tijdens Voetbal International.' Hij klonk behoorlijk streng. Zeker voor iemand die als speler zelf naar een afslankkliniek werd doorverwezen. 'Een trainer moet er fris uitzien. Als je elke dag tussen fitte mensen staat tegen wie je zegt: "Denk om je eten, denk om je drinken, pak je rust". Dan moet je er zelf niet bijlopen met een buik alsof je twaalf centimeter ontsluiting hebt.' Het is een opmerking die hem door zijn voormalig ploeggenoot Koeman niet in dank wordt afgenomen. Toch leidt het niet tot een eeuwige breuk. Ook Koeman kan niet lang kwaad op hem blijven.

Op de tweede foto in de VI-reportage zien we het talent als dienstplichtig militair in een wachthokje staan. Hij lacht, zoals hij op vrijwel alle foto's uit die tijd lacht. Ditmaal draagt hij wel een uniform, inclusief glimmende kistjes. Op zijn hoofd zit een baret. Het ziet er belachelijk uit.

Het is een prachtig verhaal, dat de tand des tijds moeiteloos heeft doorstaan. Dienstplichtig soldaat René van der Gijp, lichting 80-5, vertelt erin onder meer dat hij zijn opleiding heeft genoten in Grave, waar hij de sergeant een mooi Adidas-trainingspak cadeau heeft gedaan en daarna tot zijn tevredenheid direct werd overgeplaatst naar een administratieve functie bij de afdeling functieanalyse in Den Haag, waar hij mocht voetballen en trainen wanneer hij wilde. 'Ik werk op kantoor', legt de tiener van Sparta in het interview aan zijn gast Derksen uit. 'Voor de rest heb ik niets met het leger te maken. Ik kom nooit op een kazerne. Alleen nu ik wacht moet lopen, ben ik er een keer. Overste Janssens begrijpt dat ik niet geschikt ben voor het leger. Hij beschermt me een beetje. Op zo'n kazerne zou ik het nog geen dag uithouden. Dat ik nu op wacht sta, heb ik aan majoor Gerritsen te danken, die man mag mij niet. Ik heb het niet op mensen die Gerritsen heten. Vroeger op school had ik een meester die Gerritsen heette, hij liet me altijd het schoolplein aanvegen. Nu loopt er hier weer een majoor die Gerritsen heet en hij laat me wachtlopen.'

Dan wordt het interview ruw verstoord door een ijverige vaandrig die heeft zitten meeluisteren en erop moet toezien dat Van der Gijp geen staatsgeheimen onthult of anderszins gevoelige militaire informatie aan VI doorspeelt. Dat van majoor Gerritsen mag niet worden gepubliceerd. Derksen vraagt of de man soms niet goed bij zijn hoofd is. Maar de militaire autoriteiten hebben toch liever dat Van der Gijp zich bij het praten tot voetbal beperkt. 'Ik word dagelijks gebeld door allerlei makelaars, je wordt er gek van', zegt de eigenzinnige rechtsbuiten over dat onderwerp. 'Het gaat bijna altijd om buitenlandse clubs, maar wat moet ik nou in het buitenland doen? Dan moet ik in een hotel gaan zitten. Je denkt toch niet dat ik zelf aardappels ga koken? Ik kan niet eens voor mezelf zorgen. Ik zou dan een meisje moeten meenemen, voor de gezelligheid. Zij zou mijn spullen moeten wassen en voor alles moeten zorgen. Alleen lijkt me erg eenzaam.'

Van der Gijp heeft dan net een punt achter een relatie gezet met ene Kristel uit Antwerpen, een jaar eerder nog tweede geëindigd bij de verkiezing van Miss België. 'Ze was erg aardig, maar wat te serieus', zegt hij tegen Derksen. 'Ik miste mijn vrijheid. Ik wil beslist geen verplichtingen, daarom heb ik er een punt achter gezet.'

Als de vaandrig even niet luistert, geeft Van der Gijp toch ook nog even zijn beschouwing op het fenomeen dienstplicht. Dat is wanneer wordt vastgesteld dat soldaat Van der Gijp weliswaar een uzi-mitrailleur om zijn schouder heeft hangen, maar er totaal niet mee om kan gaan. 'Tijdens de opleiding heb ik één keer geschoten. Ik moest eerst een gasmasker opzetten maar toen zag ik niets meer. De kogels verdwenen in het plafond. Vervolgens mocht ik niet meer meedoen. Daarna heb ik nooit meer geschoten. Alleen wanneer ik op wacht sta, heb ik dat ding bij me. Je denkt toch niet dat ik ga schieten, wanneer er iemand over het hek klimt? Trouwens, al zou ik het willen, ik zou toch niemand raken. Ik kan de dienst echt niet serieus nemen. Het is net de padvinderij. Kinderachtig. Tijdens een bivak mag je je niet wassen. Heb ik me drie dagen niet gewassen. Dat is toch onzin? Dat vind ik smerig. 's Avonds moest ik in een kuil gaan staan, die ik 's middags eerst zelf had moeten graven. Vergis je niet, 1.80 meter diep. Ik heb er nog pijn in mijn rug van. Nou, daar sta je dan, midden op de hei, in een kuil, ben je lekker nuttig bezig. Oh ja, ik moest mijn gezicht ook nog zwart maken.'

De nacht die de latere tv-collega's Derksen en Van der Gijp in die eenzame Haagse kazerne doorbrengen, geeft ook een mooi inzicht in de generatiekloof die er toch ook tussen hen gaapt. Aan de ene kant is er de wereld van een licht calvinistische workaholic die als voetballer met keihard werken de eerste divisie bereikte, aan de andere kant die van een jonge nihilist, die op het veld kon vertrouwen op zijn talent en erbuiten nooit schroomde hier en daar wat olie op het vuur te gooien.

De jonge, nog zeer recalcitrante Van der Gijp in VI: 'Ik maak me niet druk om kernenergie of problemen in Iran. Polen? Is daar dan ook iets aan de hand? Ik volg het niet. Ik tref onder voetballers nooit iemand die daar over praat. Mijn enige hobby is televisiekijken. Ik kijk graag naar Flip Fluitketel, maar een programma als Brandpunt zet ik uit. Ik kijk wel naar alle sportprogramma's.'

Na deze provocatie slaat zelfs Derksen een geschokte toon aan.

'Ik heb langzamerhand het idee dat voetballers nooit nadenken', schrijft hij, 'maar enkel en alleen in hun eigen kleine bekrompen wereldje leven. René van der Gijp blijkt geen uitzondering.'

29. Niemand

-Ze zeggen dat je niet alles uit je carrière hebt gehaald, maar je bent wel met PSV twee keer kampioen geworden.

'Jawel. Maar dat was in die jaren bijna gewoon. Wij werden met PSV soms al begin maart kampioen. Als wij dan met die schaal terug naar Eindhoven reden stond er echt niemand in de berm van de snelweg, hoor.'

-Niemand?

'Ja, om te plassen misschien. Maar niet om naar ons te zwaaien.'

30. 'Ik heb een werker naast me nodig'

Het allereerste grote interview dat het jonge talent René van der Gijp in zijn leven geeft, wordt afgenomen door een oudere journalist met een snor en lang haar. Hij heet Johan Derksen en hij ziet het helemaal zitten in de eigenzinnige rechtsbuiten van Sparta. Daarom rijdt hij in het voorjaar van 1978 naar Dordrecht voor een gesprek. De vader van de voetballer blijft er die middag voor de zekerheid wel even bij zitten.

René van der Gijp is dan achttien jaar oud en heeft pas een handjevol wedstrijden achter de rug voor het Sparta van trainer Mircea Petescu. Hij beschikt over talent, daar zijn alle kenners het wel over eens, maar hij komt nog maar net kijken. Desondanks staat er als kop boven het artikel: 'Ik moet iemand voor het vuile werk naast me hebben'

Het gesprek verloopt zo:

Wim: 'Dit is het eerste interview van René. Ik wil niet dat hij negatief overkomt. Ik wil ook niet dat er in negatieve zin over Petescu gepraat wordt, die man heeft hem bij de selectie gehaald.'

René: 'Ik ben bij DFC begonnen. Hans Bentzon was mijn trainer. Ik heb weinig van hem geleerd. Hans is geen jeugdtrainer, hij kan alleen met senioren werken. Wanneer wij liepen te trainen, zat hij frikadellen te eten voor de kantine. Ik heb wel vreselijk veel gelachen met hem. Hans en ik passen uitstekend bij elkaar. Van mijn tweede trainer, Maarten de Keijzer, heb ik wel veel geleerd. Maarten kon vreselijk goed over voetbal praten. Plotseling stond er iemand van Feyenoord voor de deur, of ik voor Feyenoord wilde komen spelen. Dat heb ik gedaan, maar het werd een enorme teleurstelling. Kasper Huijbregtsen trainde de B-junioren en liet ons alleen maar lopen. Van Varkenoord naar het crematorium, en terug. Dat beviel me helemaal niet. In die tijd was ik gek van Steve Harley en Cockney Rebel. Daarom droeg ik een bolhoed. Ik dacht dat ze gek werden bij Feyenoord. Die hoed moest af, anders kon ik vertrekken. Nou die hoed hield ik natuurlijk op, maar ik ben bij mijn vader gaan trainen, bij DRL. Ik werd teruggezet naar B2, maar ik bleef wel in het Nederlands jeugdelftal spelen. Het was een rommeltje bij Feyenoord, tijdens de training renden we zo naar binnen om naar de soul toptien te luisteren. Hans Kraay jr. speelde ook in dat elftal. Toen ik problemen kreeg, heeft zijn vader me aangeraden naar Sparta te gaan, nu kom ik hem daar als trainer tegen.'

Wim: 'Die Kasper Huijbregtsen was geen trainer maar een bergbeklimmer. Hans Kraay zei toen dat René naar Sparta moest gaan, volgens hem zou hij dan binnen twee jaar betaald voetbal spelen. Dat is uitgekomen. Ik ben bij het Feyenoord-bestuur geroepen over die hoed. Ruud Krol had ook zo'n hoed en toen wilde René het ook. Hij had ook nog een paraplu en een zwarte tas. Hij vond het heerlijk om zich, met die hoed op, in een taxi naar school te laten rijden. Ach, ik maakte me daar niet zo druk over. Maar bij Feyenoord deden ze dat wel.'

René: 'Mijn vader is trainer, ik ging altijd met hem mee. Iedere training en iedere wedstrijd. Hij is zeven jaar trainer van Olympia geweest. Ik ben zeven jaar met hem mee geweest. Ik hoorde er bij. Ik was een soort mascotte. Ik stond op alle elftalfoto's. Wanneer ik vrij ben, ga ik nog steeds met mijn vader mee.'

Wim: 'René traint graag, dat is een goed teken. Hij wil trainen, veel leren. Daarom word ik af en toe ziek van het gezeur dat hij niet kan verdedigen. Hij is verdedigend inderdaad zwak, maar ik begrijp niet waarom die trainers daar niet aan werken. Ze praten er alleen over.'

René: 'Ik kan niet verdedigen, maar er zijn ook spelers die niet kunnen aanvallen. Dat lijkt me veel vervelender.'

Wim: 'Ger Blok kwam na iedere wedstrijd van het Nederlands jeugdelftal naar me toe. Hij was weer de beste, maar hij kan niet verdedigen, zei hij dan. Later hebben ze hem afgevoerd, omdat hij niet meeverdedigde.'

René: 'Ik ben ook afgevallen omdat ik altijd ruzie met Ron Groenewoud had. Ik heb trouwens overal ruzie gehad. De laatste tijd gaat het steeds beter. Met Petescu heb ik nooit problemen gehad. Petescu liet me mijn gang gaan.' Wim: 'Ik heb er op aangedrongen dat René fullprof werd. Hij zat voor zijn havo-examen maar hij had geen trek meer. Het was niet meer te combineren. Het leek me goed, wanneer hij met jongens als Ruud Geels en Pim Doesburg zou optrekken. Van die jongens kan hij veel opsteken. Hij heeft nog tal van tekortkomingen, slecht linkerbeen en de koptechniek. René is fullprof maar er wordt veel te weinig getraind. Zowel bij Cor Brom als bij Petescu werd er maar twee keer 's morgens getraind. Het is een gezonde vent, laat zo'n jongen dan vaker trainen. Nu zit hij 's morgens bij zijn moeder koffie te drinken. Ik hoop nu maar dat Hans Kraay hem leert verdedigen.'

René: 'Men vergeet dat ik veel opkom, dat houdt in dat ik ook veel terug moet. Dat gaat niet altijd. Met een vrije opdracht speel ik het sterkst. De trainer moet mij op de meest verdedigende middenvelder van de tegenpartij zetten. Petescu zei altijd dat ik bij de verkeerde club zat. Volgens hem zou ik bij een topclub beter slagen, omdat ze daar goede waterdragers voor het vuile werk hebben. Dick Schoenaker bij Ajax, Wim Jansen bij Feyenoord en Jan Poortvliet bij PSV. Ik moet zo'n speler naast me hebben voor het vuile werk. Bij Sparta staat Louis van Gaal naast me, hij is nog te veel voetballer voor het vuile werk. Louis is wel een goede leider, hij praat veel met me.'

Wim: 'Toch kan Ger Blok niet onder hem uit, wanneer René zo blijft spelen. Hij is rijp voor Jong Oranje.'

René: 'Ik ben altijd gek van Ruud Krol geweest. Niet zo zeer als voetballer, maar als persoonlijkheid. Wanneer hij het veld opkomt, krijgt iedere tegenstander al een mentale tik. Petescu zei altijd dat ik op Wim Jansen moest letten, maar dergelijke spelers spreken mij niet aan. Ik kan genieten van Ling. In het veld maar ook in zijn interviews. Willem van Hanegem vind ik ook erg goed. Voor de wedstrijd tegen Ajax heb ik Ruud Krol goed bekeken. Ik had me voorgenomen hem geweldig te dollen, maar ik kwam weinig met hem in contact.'

Wim: 'Voor zijn twintigste moet hij er zijn. Hij heeft gelukkig een onverschillig karakter, hij trekt zich niets van de pers aan.'

René: 'Ik knip alleen de goede stukjes uit. Kritische stukjes gooi ik weg.'

Wim: 'Als voetballer zou ik nooit een bal wegschoppen. Ik bleef naar oplossingen zoeken, dat heeft René gelukkig ook. Hij raakt nooit in paniek. Hij schopt de bal liever achter Pim Doesburg dan in de tribune.'

René: 'Een bal de tribune in schoppen vind ik zo simpel voor een eredivisievoetballer. Het kan me niet schelen of een trainer me stijf scheldt. Dat doet me niets, ik blijf voetballen.'

Wim: 'Dat komt omdat hij geen ontzag voor ouderen heeft. Wanneer hij geen mensen treft die hem aanvoelen krijgt hij problemen. Hij wil altijd het laatste woord hebben.'

René: 'Mijn vader werd er gek van, overal kreeg ik ruzie. Mijn vader is bij iedere club bij het bestuur geroepen.'

Wim: 'Ik weet niet hoe het komt. Mijn broers Janus en Freek waren bescheiden jongens. De jongere broers werden steeds brutaler. Cor is de jongste. Er ligt natuurlijk een wereld tussen bescheiden en brutaal.'

René: 'Ik hoop maar dat ik klik met Kraay. Wanneer ik moet verdedigen, speel ik aanvallend zwak.'

Wim: 'René heeft vooral problemen met trainers die zelf niet gevoetbald hebben. Ik las laatst dat Leo Beenhakker bij Zwart-Wit '28 gespeeld had. Ik heb daar als trainer de grote successen meegemaakt, maar ik ken geen Leo Beenhakker.'

René: 'Mijn doel is om bij de meest aanvallende club van Nederland te komen. Dat lijkt me geweldig, lekker aanvallen, en spelers naast me voor het vuile werk.'

Wim: 'René is verdedigend minder sterk, dat valt extra op omdat hij nooit risicoloos speelt. In Zeist trof ik Arend van der Wel regelmatig. Wij zagen dat, maar de bondscoaches zagen het niet. De meeste spelers kwamen daar om precies volgens de opdracht te spelen. René kwam om te voetballen en omdat hij ook nog een grote mond had, viel hij af. Hij moet zich er nu zelf maar bij spelen. Voor zijn militaire dienst moet hij in een vertegenwoordigend elftal spelen. Hij moet zo spelen dat Zeist niet meer om hem heen kan.'

René: 'Als Kraay me maar niet laat verdedigen.'

31. Onzin

-Nooit één trainer gehad die iets tegen je heeft gezegd waar je wél iets aan had?

'Nee.'

-Kom op!

'Nee. Echt niet.'

-Veertien jaar alleen maar onzin gehoord?

'Inderdaad ja. Toon lef...scherp beginnen...let op bij dode spelmomenten. Dat soort dingen. Het was altijd allemaal hetzelfde. Onzin.'

32. 'Verrek, tegen wie spelen we eigenlijk?

De interviews met de jonge René van der Gijp zijn een studie waard. Ze zijn origineel en grappig, niet zelden is de toon provocatief of een tikkeltje platvloers en altijd spat de jeugdige overmoed van de pagina's. Het zijn stuk voor stuk verhalen die nu – in een tijd van alles controlerende perschefs en professionele mediatrainingen – niet meer bestaan.

De meest spraakmakende verschijnen al in de vroege jaren tachtig, wanneer René van der Gijp de vertrouwde omgeving van Het Kasteel heeft verlaten voor Lokeren, een slaperige Belgische provincieplaats ergens langs de snelweg tussen Antwerpen en Gent. Hij arriveert er in het voorjaar van 1982 als rechtsbuiten van Sporting.

Al snel neemt Van der Gijp er zijn intrek in een gigantische villa aan de Baronsdreef. Het is de voormalige woning van de even beroemde als kale spits Lato. De Pool is dan net verkocht aan een Mexicaanse club. 'Ja, het is wel een leuk huisje', zegt Van der Gijp in januari 1983 tegen VI-verslaggever Johan Derksen, die hem uiteraard weer is komen opzoeken. 'Die Lato had nog een fles shampoo laten staan, maar daar heb ik geen gebruik van gemaakt. Ik heb zijn foto's nog eens goed bekeken en eerlijk gezegd had ik daarna geen vertrouwen meer in dat merk.'

Van der Gijp woont in België met zijn eerste vrouw Jacqueline en een zes maanden oude maar desondanks kolossale Deense dog, genaamd Zico. Waar je bij anderen meestal ziet dat de baasjes in de loop der jaren op hun hond gaan lijken, is het bij René van der Gijp en Zico precies andersom. 'Het is een schat van een dier', zegt de jonge voetballer in VI, 'hij is net zo lui als zijn baas. Ook Zico houdt van uitslapen. Wanneer mijn vader hier is wil hij Zico 's morgens om zeven uur uitlaten, maar dan bijt hij naar mijn vader. Zico wordt 's morgens om half elf uitgelaten. Dan moet hij zeiken als een aap, maar dan heeft hij tenminste een goede nachtrust gehad.'

Ook in Lokeren prijst hij de overzichtelijkheid van een leven als voetballer. 'Ja, je hebt een mooi leven als fullprof. Uitslapen, trainen, met de Atari spelcomputer spelen. Ik durf tegen elke voetballer in Europa hapmannetje te spelen.' Met 'hapmannetje' bedoelt auteur Derksen het computer spel PacMan, samen met SpaceInvaders een verregaande vorm van technologie in de vroege jaren tachtig.

De jonge voetballer poseert dit keer voor de verandering met een zijden sjaal en een klassieke gleufhoed voor de foto. 'Lachen doen ze hier niet', zegt hij. 'Met de trainer kun je niet lachen maar met de spelers ook niet. We hebben geen gangmakers in het elftal. Wanneer ik iets zeg, zitten ze me allemaal gek aan te kijken.'

Van der Gijp voelt zich vaak onbegrepen in België. Wanneer hij een grap maakt denken ze dat hij serieus is en andersom. Daarnaast is hij nogal openhartig. Vooral over zijn medespelers. 'Mijn Belgische medespelers zijn heel aardige jongens, maar een beetje schijnheilig', zegt hij bijvoorbeeld. En: 'Achter elkaars rug zitten de spelers hier alleen te roddelen.' Of over zijn Nederlandse collega's: 'Je kunt hier in Lokeren ook Voetbal International kopen, maar echt interessant vind ik het niet. Wat hebben al die spelers nou te melden? Het is allemaal even vlak. Ik ben de enige die voor zijn mening durft uit te komen. Ach, ik heb ze toch meegemaakt in Zeist? Wim Kieft, Gerald Vanenburg, Frank Rijkaard en Ruud Gullit, aardige jongens hoor, maar er heerste altijd een grafstemming.'

Het zal hem zijn hele loopbaan op boze teamgenoten, schorsingen en boetes komen te staan. Maar journalisten lopen met hem weg. Van der Gijp is niet alleen te allen tijde bereid om tekst per strekkende meter te leveren, hij heeft ook over ongeveer alles een afwijkende mening. Daarnaast drukt hij zich over het algemeen een stuk komischer uit dan zijn collega's. 'Bij PSV word je behandeld als een koelkast', zegt hij in 1987 in VI over de club die hij dan net verruild heeft voor Xamax Neuchâtel. Hij klaagt daarin over een amateuristisch geleide vliegreis naar China, Indonesië, Hong Kong en Thailand. In economyclass. 'We kwamen gebroken terug. Ze hadden ons ook nog tussen de rokers gezet. Na een paar uur was er nog een zicht van drie meter. Je kunt echt beter vijf jaar in de Botlek wonen dan tussen de rokers van Singapore naar Amsterdam vliegen.' En over zijn eerste contract bij Sparta, begeleid door wijlen Ger Lagendijk als zaakwaarnemer. '1500 gulden salaris, maar hij liet wel een transfersom van 750.000 gulden in mijn contract opnemen. Dat had ik beter door de SRV-man kunnen laten doen.'

René van der Gijp toont zich in zijn uitspraken al op jonge leeftijd een meester in de overdrijving. In 1985 in VI, over een buurvrouw die klaagt over de herrie die hij in de ochtend maakt. 'Ik begrijp er niets van. Wanneer ik 's morgens mijn tanden stevig poets, begint zij al te kloppen.'

In tegenstelling tot wat gebruikelijk is in deze bedrijfstak, zijn de interviews met René van der Gijp ook altijd spannend. Hij heeft een aangeboren neiging tot provoceren, een karaktertrek die zich in zijn beginjaren vooral openbaart in het halfspottend koketteren met de vooroordelen die rond profvoetballers bestaan. 'Ik ben geen denker, eigenlijk denk ik nooit na. Wanneer je om je heen kijkt, zie je alleen maar ellende. Werkloosheid, oorlog, Polen, armoede. Dat is toch vreselijk? Ik heb een sportwagen, een contract, een mooi huis. Ik ben gezond, mijn ouders zijn gezond en ik kan kopen wat ik wil. Dat is toch prachtig? Wie kan dat nog zeggen tegenwoordig? Ik heb een heerlijk leven. Mijn vriend Wim Suurbier heeft ook lekker geleefd, maar ik wil het wel wat slimmer doen. Ik heb net diploma's genoeg om de vakken bij te vullen in De Bijenkorf. Ik moet me wel goed indekken. Ik weet niet wat armoede is, ik wil het ook niet weten. Ik wil lekker leven. Nu ik dit huis heb, komen mijn ouders regelmatig langs. Het is een dik uur rijden vanuit Dordrecht. Meestal komen ze een weekend. Mijn moeder maakt dan meteen het huis schoon.'

Het zelfvertrouwen van de rechtsbuiten is op papier onaantastbaar. 'Hier in België vindt men Erik Gerets en Ludo Coeck wereldvoetballers', zegt hij in zijn Lokeren-periode, 'dan moet ik toch ook een wereldvoetballer worden?' En: 'In Oranje heb ik nog nooit slecht gespeeld. Daar leef ik naartoe. Hier in Lokeren gebeurt het wel, dat om acht uur 's avonds het eerste fluitsignaal gaat en dat ik dan denk: verrek, tegen wie spelen we eigenlijk, welke club is dat met een groen-geel shirt?'

Ook over zijn eigen trainers is Van der Gijp in de pers vrij duidelijk. Dimitri Davidovic, een Joegoslavische ex-speler van onder meer NEC, die als trainer van Lokeren vergeefse pogingen doet om zijn rechtsbuiten te temmen, ontploft wanneer hij dit soort uitspraken van Van der Gijp leest: 'Die Davidovic, dat is zo'n rare. Die begint me daar van alles tegen me te roepen langs de lijn. Onzinnige dingen.

En dus zeg ik wat onzinnigs terug: *Als je nou je kop niet houdt, ga ik aan de andere kant spelen.*

Het levert hem, naast een gigantische geldboete, ook een schorsing op.

33. Surinamers

-Vond je het eigenlijk gezellig bij Oranje?

'Ja hoor. In mijn tijd kwamen die Surinaamse jongens voor het eerst een beetje op. Ik zat bij Oranje elke avond met ze te kaarten. Gullit en ik tegen Menzo en Rijkaard. Altijd. Van de kabel en dat soort onzin had toen nog nooit iemand gehoord. Dat hele verschil tussen de blanke en de donkere voetballers was geen issue bij ons. Ik heb tenminste nooit gemerkt dat er iets speelde op dat gebied, dat er ook maar enig verschil tussen ons was omdat ik toevallig iets witter was dan zij. Behalve dan onder de douche natuurlijk.'

-Ja? Toch wel?

'Ja. Het is echt waar wat ze zeggen: ze hebben écht een kleinere, die jongens. Ha!'

34. 'Davidovic kan hier door de brievenbus'

'Zo'n schorsing heeft ook leuke kanten', zegt René van der Gijp een paar dagen later tegen Johan Derksen, de VI-verslaggever die inmiddels de indruk wekt dat hij bij de familie is ingetrokken. Vanuit Lokeren bericht hij nu bijna wekelijks gul over de escapades van Nederlands meest controversiële voetballer. 'Normaal moet ik 's morgens om tien uur trainen en 's middags om drie uur nog een keer. Nu train ik 's avonds om zes uur bij het tweede elftal. We slapen lekker uit en dan gaan we heerlijk uitgebreid ontbijten. Dat heb ik allemaal te danken aan de spelersraad, die jongens hebben laten weten dat zij niet meer met me willen voetballen.'

Over zijn trainer, Davidovic. 'Mijn vader heeft al gezegd dat ik hem straks maar op zijn achillespees moet pakken zodra ik weer bij de selectie zit. Davidovic is zo'n type dat nog steeds plakboeken over zichzelf bijhoudt. Hij legt de training gemiddeld twintig keer stil om het zelf voor te doen.'

De rechtsbuiten vertelt het, geheel volgens traditie, allemaal weer met een glimlach. Pas wanneer de kritiek op zijn vader ter sprake komt, wordt hij even feller dan normaal. 'Davidovic zei dat mijn vader ten onrechte denkt dat hij verstand van voetbal heeft, maar dat hij er niets van snapt. Ik wilde hem een roei geven, maar ik kon me nog net beheersen. Achteraf had ik de trainer wel een roei moeten geven. Hij is toch niet sterk. Hij kan hier door de brievenbus.'

Een speler die zegt te azen op de achillespezen van zijn trainer en toegeeft spijt te hebben gehad van een ingehouden draai om de oren: het is uiterst origineel, maar het kost Van der Gijp gaandeweg wel zijn loopbaan in België. 'Onze spelers pikken het niet meer', zegt Lokeren-manager Aloïs Derijcker in een reactie tegen Johan Derksen, die zich heeft losgerukt van de uitgebreide ontbijttafel in Villa Van der Gijp om hoor- en wederhoor toe te passen in het krakkemikkige stadionnetje van Lokeren. 'Die jongens worden bijna dagelijks voor gek versleten door René. Wanneer je die verhalen leest, krijg je de indruk dat wij hier allemaal gek zijn en dat René de enige normale bij Lokeren is. Ik wist dat René een buitenbeentje was, daar heeft niemand moeite mee. Maar nu is het genoeg. Wanneer René alleen grappen wil maken, moet hij in het circus gaan werken. Hij heeft de club, de trainer en de spelers voor gek gezet. Ik kan het in mijn positie niet doen, maar het liefst had ik hem een ouderwets pak slaag gegeven.'

Volgens Davidovic heeft hij ook alles wat in zijn vermogen lag gedaan om de ongrijpbare Hollander in te tomen. 'Het hielp allemaal niets. Wanneer we om tien uur 's morgens moesten trainen, kwam hij om vijf minuten voor tien binnen met een banaan in zijn mond of met een reep chocolade. Wanneer ik daar iets van zei ging zijn vader naar de manager. Volgens zijn vader mocht ik René niet in de groep aanpakken, omdat hij zo gevoelig was. Toen heb ik alleen met hem gesproken, maar niets hielp. René heeft niet de juiste wedstrijdmentaliteit. Hij is ongeschikt voor de top.'

35. Druk

'Ik kijk soms met medelijden naar de dug-out van PSV.'

-Waarom?

'Die mensen staan allemaal zó ontzettend strak. Alsof ze gebukt gaan onder een enorme druk.'

-Dat is toch ook zo?

'Ach welnee, man. Schei nou toch uit. Rond Barcelona-Real Madrid is druk en bij Manchester United-Liverpool. Maar toch niet bij PSV-Excelsior? Net over de grens, bij Brasschaat, interesseert het al niemand meer ene reet wat PSV heeft gedaan. Maar in mijn tijd was dat ook al zo. Soms liep ik daar rond en zag ik al die strak getrokken gezichten op een rij. Wat een stress, wat een spanning. Vooral na een verloren wedstrijd hing er soms een sfeer... Alsof het alleen nog een kwestie van tijd was voordat de taliban De Herdgang zou binnenvallen.'

36. 'Hier, prettige wedstrijd'

Een parkeerterrein langs de snelweg naar Dordrecht. De Mercedes van René van der Gijp glimt weer als een antieke kast. Hij doet de kofferbak open en tilt er een grote, houten kist uit. 'Hier', zegt hij, 'prettige wedstrijd.'

Het heeft even geduurd voordat René van der Gijp zich er toe kon zetten op zoek te gaan naar zijn oude plakboeken. Hij heeft een nogal koele verstandhouding met zijn eigen voetbalverleden. Hij praat er liever niet uitgebreid over, behalve dan tijdens zijn lezingen en onder goede bekenden. Kijken naar beelden van zichzelf doet hij al helemaal niet graag. Toen de regisseur van VI Oranje eens onaangekondigd een oude documentaire over Van der Gijp als werkloze voetballer instartte, stond hij direct op uit zijn stoel en liep de studio uit. Hij kon het niet aanzien.

De kist die hij eindelijk tussen alle tuinmeubelen, gereedschapsets en andere spullen uit zijn schuur heeft gevist, is gevuld met pagina's uit kranten en tijdschriften. Het oud papier komt tot aan de rand. Excelsior zou hier vroeger een compleet nieuw verdedigingduo van hebben kunnen kopen, want René van der Gijp moet een van de meest geïnterviewde voetballers van zijn generatie zijn geweest. De koppen zeggen alles.

-René van der Gijp, de nieuwe Stan Bowles
-De reddende bengel van Heerenveen
-'Hij moet eens goed op zijn flikker hebben'
-René van der Gijp: enfant terrible
-René van der Gijp: parent terrible
-'Mijn kop is niet geschikt voor de top'
-Het lefgozertje van Sparta
-Het verschijnsel Van der Gijp
-'Als je tegenwoordig lacht bellen ze de politie'
-Van der Gijp suspendiert
-Coach schickt Tulpen-Sohn in die Wüste
-'Ik ben serieus geworden'
-Touwtrekken om René van der Gijp
-'Ik laat me niet dwingen'
-'Plezier in het voetbal staat voorop'

Vanaf het allereerste begin van diens voetballoopbaan, heeft Wim van der Gijp de gang van zaken rond zijn zoon uiterst gedetailleerd gedocumenteerd. In de eerste plakboeken is elke snipper krantenpapier waarin melding wordt gemaakt van het bestaan van de jongste Gijp met een bijna religieuze devotie ingeplakt. Ook de eerste Sparta-seizoensgids, jaargang '78-'79, is in z'n geheel met lijm ingesmeerd en voor het nageslacht bewaard. 'Weer zo'n jong broekie op het middenveld', staat er onder de foto van de jonge Van der Gijp, grijnzend vanonder een lange haarlok. 'Technisch kan onze René alles. En nu maar er aan werken en goed naar de trainer luisteren, dan moet het t.z.t. ook voor Gijpie gaan gloren.'

Zijn hele voetballoopbaan is chronologisch te volgen, vanaf zijn debuut tegen Haarlem, en zijn uitnodigingen voor de UEFA-jeugd, tot zijn wedstrijden voor Oranje. Je komt de gekste dingen tegen. Je ziet Van der Gijp al eind jaren zeventig op witte voetbalschoenen spelen. Je leest hoe hij het plan van Barry Hughes om hem aan een Engelse club te verkopen verziekt, door er op het veld niets aan te doen en alleen maar als een clown naar de tribunes te zwaaien, precies naar de plek waar Hughes tientallen Britse scouts had laten opdraven. En je vindt er een verweerd, bijna vergaan fotootje, uit mei 1970: René van der Gijp als kind op de Coolsingel, de zojuist door Feyenoord gewonnen Europa Cup 1 in zijn handen.

Er zit van alles in. Zijn geboortekaartje ('Met grote blijdschap geven wij U kennis van de geboorte van onze zoon: René'), de Zwitserse röntgenfoto's uit de nadagen van zijn carrière maar ook zijn aanschrijvingsbrief van Sportclub Feyenoord ('12 mei 1975, Wij hebben het genoegen U mede te delen, dat U bent aangenomen als lid van onze vereniging.'). Zelfs de envelop uit De Kuip heeft de trotse Wim ingeplakt. Tussen de pagina's zitten losse foto's, zoals die van Feyenoord B1 in het grote stadion, met Sjaak Troost als aanvoerder en een jonge Carlo de Leeuw. De vliegtickets van de reis naar Amerika met de jeugd van Sparta en het toegangskaartje van de wedstrijd New York Cosmos-San José Earthquakes zijn ook bewaard gebleven.

Zijn moeder komt in een van de ingeplakte krantenstukken aan het woord. Het gaat dan over het imago dat haar zoon steeds vaker krijgt opgespeld. Dat van onhandelbaar, verwend mannetje met een grote mond. In Het Vrije Volk vraagt ze aan de verslaggever: 'Zeg nou zelf. Je hebt hier nu zo'n anderhalf, twee uur gezeten. Is dat nou een vervelende opschepper, met wie je hebt zitten praten? Hoe komen ze erbij?'

Van der Gijp over dat imago, in diezelfde krant. 'Misschien zit het wel in mijn spel. Ik praat veel in het veld, ik loop voortdurend te lachen – dat is irritant, ik weet het. Laatst in Haarlem zei ik tegen zo'n gozer, Balm geloof ik: *Spelers zoals jij, daar hebben we er duizend van in Rotterdam.* Nou man, woest was-ie, helemaal over de rooie. Hij was linksbuiten, maar hij ging speciaal linksback lopen om mij een schop te kunnen geven.' Bij het artikel staat ook een foto. Een lachende Louis van Gaal naast Van der Gijp, zijn arm vaderlijk over diens schouder.

Er zitten ook oude albums in de kist, vol kinderfoto's in mooie, verschoten kleuren. Op sommige foto's draagt de kleine Van der Gijp witte kniekousen en een klein geruit jasje. Wat opvalt: op elke afbeelding staat hij alleen, of naast zijn moeder. Het lijkt wel of René van der Gijp is opgegroeid in een schilderij van Edward Hopper. Overal om hem heen is ruimte, leegte. Er is, behalve zijn moeder, nooit een mens in zicht. Vaak hebben ze elkaars hand vast. Zijn vader zie je alleen terug op foto's die bij het voetbalveld zijn genomen. Soms trainde hij twee amateurclubs tegelijk, een op zaterdag en een op zondag.

Nog een album, nu van een iets oudere René van der Gijp. Het is carnaval, ergens eind jaren zestig. De kleine Van der Gijp is verkleed als astronaut. Hij poseert op het bed van zijn kinderkamer. Aan de muur hangen posters. Raketten, Thunderbirds, een afbeelding van The Monkees, een foto van zijn vader als voetballer en een elftalplaat van Sparta. Met elke pagina groeit hij een paar jaar. Je ziet hem een stripboek lezen bij de centrale verwarming, daarna vooral op het voetbalveld en op klassenfoto's. Het zijn inmiddels de jaren zeventig. De haren groeien, de broekspijpen worden steeds wijder. Als René van der Gijp geen Adidas-voetbalschoenen aanheeft, draagt hij plateauzolen. Op zijn bovenlip dreigt de doorbraak van iets dat op een snor lijkt.

Onderin liggen de losse interviews uit tijdschriften en kranten. Ze gaan over zijn imago, over zijn talent, over de conflicten met zijn eigen clubs en de aanhoudende interesse van andere. Op een van de pagina's zie je Van der Gijp in Engeland naast Martin Jol zitten, samen aan een kopje thee in Birmingham. Hij is er op een tiendaagse stage. Het wordt geen succes, zoals in latere jaren ook flirts met het Italiaanse Pisa, het Turkse Galatasaray, het Franse Monaco, het Spaanse Mallorca en het Rotterdamse Feyenoord uiteindelijk tot niets leiden. Van der Gijp traint er op een typisch grauwe Engelse dag voor het eerst mee, met dreigende motregen en in de schaduw van een grote fabriek.

Dan weet hij diep in zijn hart eigenlijk al dat hij liever in Nederland blijft.

In de kist zit ook een rode map. Daarop heeft Wim van der Gijp met keurige balpenletters *Nederlands Elftal* op geschreven. Binnenin zitten de vergeelde krantenstukje die herinneren aan de vijftien interlands van zijn zoon.

Een tussengeneratie, zo noemt René van der Gijp zijn lichting bij Oranje zelf altijd. Hij zat ingeklemd tussen het elftal dat steunde op vicewereldkampioenen als Ruud Krol en Johan Neeskens en het jonge, getalenteerde team rond Ruud Gullit en Marco van Basten, de Europees kampioenen van 1988. Zijn medespelers luisterden naar namen als Edo

Ophof, Peter Boeve, Cees van Kooten, Ronald Spelbos. Voorin waren zijn concurrenten de routinier René van de Kerkhof van PSV en de Ajacied Simon Tahamata. Hij mag zijn prestaties voor Oranje graag bagatelliseren. 'Ik heb wedstrijden gespeeld zo slecht, dat wil jij niet weten', zegt hij dan. 'Dat ik dacht: wat erg, hier moeten mensen straks in de samenvatting nog naar gaan kijken ook.'

Hij debuteert in september 1982, wanneer Kees Rijvers hem selecteert voor de EK-kwalificatiewedstrijd tegen Ierland, in De Kuip. Het moet zijn grote internationale doorbraak worden en de voetballer weet dat zelf ook. 'René van der Gijp ineens serieus', schrijft het AD aan de vooravond van die ontmoeting, op een toon die bijna iets alarmerends in zich heeft. Verslaggever Hans van Alphen noteert: 'Wanneer de ex-Spartaan trouw zou zijn gebleven aan zijn kakelbonte imago als levensgenieter, had hij bij zijn entree in het KNVB-sportcentrum in Zeist minstens de slagboom op zijn voorbumper moeten nemen. Maar in plaats daarvan begroette bondscoach Kees Rijvers gisterochtend een haast ingetogen pupil. Na eerst zijn haren keurig in het gelid te hebben gekamd in zijn achteruitkijkspiegel en daarna zorgvuldig de portieren van zijn kostbare sportwagen op slot te hebben gedaan, sloeg de morgenavond in Oranje debuterende aanvaller pas het bospad in richting sporthotel. Niks geen bravoure. Slechts zijn opzichtige gouden halsketting liet iets uitkomen van de bon vivant die de 21-jarige Dordtenaar op zijn tijd kan zijn.'

De debutant mag dan plotseling zijn verantwoordelijke kant tonen ('Ik wil mijn kans grijpen. Mensen moeten begrijpen dat Van der Gijp een serieuze voetballer dreigt te worden.'), in het veld is hij nog steeds helemaal zichzelf: wispelturig. Een paar dagen eerder, toen hij met Lokeren van Brugge had verloren, was hij na afloop in de kleedkamer nog uitgescholden door zijn medespelers. Ze vonden dat hij zijn best niet had gedaan. Alsof hij een slaappil had ingenomen, zo had hij in de topper tegen Club langs de rechterzijlijn gestaan. Het enige lichaamsdeel dat overtuigend bewoog was zijn hoofd geweest. Hij schudde het voortdurend heen en weer.

Maar een paar dagen later, in De Kuip, is alles anders. Zijn Oranje-debuut is precies 37 seconden oud, als hij een prachtige actie maakt en een voorzet geeft waaruit Dick Schoenaker de openingsgoal kan maken. Vanaf dat moment krijgt hij vleugels. Van de 44 keer dat Van der Gijp de bal heeft, doet hij er 34 keer iets goeds mee. Hij eindigt de wedstrijd bij de cornervlag, uitdagend, spelend met zijn tegenstander zoals een kat met een aangeslagen muis, en sluit zijn voorstelling uiteindelijk af door met zijn hak de bal door de benen van een Ier te spelen. De Kuip gaat uit zijn dak.

Van der Gijp wint uiteindelijk zes van zijn interlands, verliest er vijf en speelt vier keer gelijk. De meest bijzondere wedstrijd ondergaat hij in Sevilla. Spanje-Nederland. Het is dan de derde keer dat hij wordt opgeroepen voor Oranje. Geheel in tegenstelling met zijn imago is hij nerveus voor de wedstrijd en heeft hij zich serieus voorbereid. Al zou je dat voor het vertrek niet zeggen. Dan wordt René van der Gijp op Schiphol waargenomen in een kiosk, waar hij wagonladingen seksblaadjes inslaat. Ook noteert een verslaggever wat hij zegt wanneer hij naast zijn jeugdidool Ruud Krol in het vliegtuig zit. Die ergert zich aan het feit dat iedereen aan boord is, behalve Kees Rijvers. De kleine grote baas van Oranje wordt opgehouden door de pers en staat nog in de vertrekhal. 'Waar blijft die bondscoach nou?', moppert Krol. 'Hij wordt nog geïnterviewd', zegt Van der Gijp, 'door het Jeugdjournaal.'

Het wordt uiteindelijk een draak van een wedstrijd en de allerlaatste keer dat hij nerveus is voor een interland. 'Het was een ramp. We speelden met alleen maar verdedigers. Spelbos, Hovenkamp en Wijnstekers stonden op het middenveld. En ik als enige spits. Ik heb toen één bal geraakt en dat was tijdens de aftrap. Echt. Verder geen bal meer gezien, de hele wedstrijd niet. Het enige voordeel was, dat ik sindsdien wel al heel snel een bepaalde nervositeit van me af kon zetten. Na die wedstrijd tegen

Spanje dacht ik: ik heb me nu wel twee dagen heel erg druk zitten maken, maar het is allemaal voor niks geweest. Ik heb alleen een aftrapje genomen. En als ik lazarus in de middencirkel was verschenen, had dat ook gekund. Dan had ik hem waarschijnlijk ook goed genomen. Het maakt dus allemaal niet uit, of je je nu druk maakt of niet.'

37. Michels (2)

-Wat is dat toch, die aversie tegen trainers?

'Bij elke trainer weet je na drie maanden alles. Wat hij gaat zeggen, wie hij opstelt, hoe hij wisselt, welke grapjes hij maakt, wat zijn tactiek is...Brrr.'

-Jij luisterde dan al niet meer?

'Bij de meesten niet. Of er moest iets speciaals gebeuren. Vroeger, bij Michels, ging je als koppels naar binnen. De rechtsback en de rechtshalf samen, de twee centrale verdedigers samen, dat werk. Dan zat Michels achter zijn bureau en ging met je praten. Ik moest met Gullit naar binnen. We hadden afgesproken niets te zeggen. Dat was geweldig. Er vielen soms stiltes van wel drie minuten. Onder tafel zaten Ruud en ik elkaar dan aan te stoten. En buiten, op de gang, kwamen we niet meer bij. Nee, Michels, dat was in elk geval nog een man aan wie je later nog even terugdacht. Bij de rest was je het allemaal gelijk vergeten.'

38. 'De uitslag interesseert mij geen reet'

Maandagmiddag, de eetzaal van het Van der Valk-hotel in Nieuwerkerk aan den IJssel. Buiten raast het verkeer over de A20, binnen zit René van der Gijp achter een uitsmijter en een glas melk. Het gesprek gaat over Jan Boskamp en diens liefde voor het bijna failliete Feyenoord. Van der Gijp vertelt over wat er zich na de laatste uitzending van Voetbal International in de kleedkamer heeft afgespeeld. 'Heel gek', zegt hij, 'maar we hadden het over de slechte situatie bij Feyenoord en opeens stonden bij Jan de tranen in zijn ogen. Zijn vriendin begon hem gelijk aan zijn arm te trekken. "Kom Jan, we gaan", zei ze de hele tijd. Maar hij ging niet. Hij begon te vertellen dat hij al sinds zijn kinderjaren bij die club komt. En toen ging-ie huilen.'

Het is inmiddels drie dagen na de uitzending. De bloeduitstorting op de linkerschouder van René van der Gijp begint al aardig te slinken. Het is een telkens terugkerende blauwpaarse herinnering aan de studiobezoekjes van Jan Boskamp. Die heeft nu eenmaal de neiging zijn argumenten kracht bij te zetten met een paar gigantische stompen. Boskamp zelf is inmiddels allang weer terug in zijn Belgische woonplaats Relegem, waar voor hem het dagelijks leven weer zijn gangetje heeft genomen en hij zijn gewoonte om vier voetbalwedstrijden per dag te bekijken ongetwijfeld ook weer heeft opgepakt. Maar bij René van der Gijp is het laatste spoortje verwondering nog altijd niet uit zijn stem verdwenen. 'Hoe is het mogelijk, hè?', zegt hij, tussen twee happen ei door. 'Dat het je allemaal zó kan aangrijpen, dat je ervan gaat huilen? Het was voor het eerst van mijn leven dat ik zoiets zag, man. Ik zweer het je: ik wist niet dat mensen zó'n hart voor een club konden hebben. Meestal vind ik het allemaal een beetje overdreven, weet je wel? Maar bij Jan niet. Bij hem is het allemaal echt. Mooi, man. Ik vond het ontroerend om te zien.'

Het is niet vreemd dat het veel van het inlevingsvermogen van René van der Gijp vergt om zich te kunnen verplaatsen in het gevoelsleven van Jan Boskamp. Zelf kent hij geen clubliefde. Een paar jaar geleden nog, wandelde hij het Abe Lenstra Stadion binnen voor een analyse van de wedstrijd Heerenveen-PSV. 'Dit moet een speciale avond voor jou zijn', veronderstelde het meisje van de televisie toen. Maar het was alleen maar dankzij haar vraag, dat Van der Gijp zich plotseling zijn eigen spelersverleden bij beide clubs realiseerde. Zelf had hij er de hele weg tussen Dordrecht en Friesland geen moment bij stilgestaan.

'Als je totaal niet betrokken bent, kun je overal je plezier uit halen. Dat is het voordeel van hoe ik naar voetbal kijk:

de uitslag interesseert mij geen reet. Ik krijg tijdens de wedstrijd ook nooit sympathie voor de ene of de andere ploeg. Nee, het maakt mij echt niet uit wie er wint. Totaal geen emoties. Als Feyenoord met 2-0 voorstaat en het wordt dan toch nog 2-2, dat maakt mij echt geen bal uit. De kijkers weten dat ook volgens mij. Ik word op straat ook nooit nageroepen als Ajacied, of Feyenoorder, PSV'er of weet ik wat. Nee, nooit. Ik heb echt geen voorkeur. Zo zouden meer mensen moeten zijn. Er zouden geen trainers onder druk staan, supporters zouden niet met elkaar gaan vechten en elke wedstrijd zou een normaal verloop hebben. Maar dat gebeurt nooit. Dat maakt het voor mensen zo ingewikkeld. Daardoor komen emoties los en gaan ze met aanstekers gooien of met witte zakdoekjes zwaaien. Zo ben ik niet. Maar ik ben wel een positieve voetbalkijker. Ik vind: in elk elftal loopt wel één speler die interessant is om te volgen.'

Het gekke is dat voetbal voor Van der Gijp tegenwoordig veel belangrijker is dan toen hij zelf nog op het veld stond. Als speler wekte hij de ergernis van zijn teamgenoten door de teleurstelling van een nederlaag tijdens het douchen al volledig van zich af te spoelen. Hans van Breukelen overwoog na zijn grootste blunder ooit serieus zich voor de trein te werpen, maar die aanvechting heeft Van der Gijp nog nooit gevoeld. Hij kon als speler al afstandelijk en bijna analytisch naar zichzelf kijken. Negen van de tien keer vond hij dan een logische verklaring voor de nederlaag. Dat voorkwam dat hij ooit boos de spelersbus instapte. 'Ik kon me enorm verbazen over de mate waarin het anderen dwarszat. Dan hadden we verloren in het Oosterpark en dan werd er tot aan Eindhoven ongeveer niets meer gezegd. Of het was in de laatste minuut 1-1 geworden in plaats van 1-0 voor ons en dan gingen ze in het gangpad vechten. Daar kon ik met mijn verstand nooit bij. Dan dacht ik al snel: 1-1 tegen Groningen, als dat nou het ergste is dat je kan overkomen... Nee, de uitslag heeft nooit heel erg mijn humeur bepaald. Ik stapte altijd het veld op met de geruststellende gedachte: er kunnen maar drie dingen gebeuren. We kunnen winnen, we kunnen verliezen en het kan een gelijkspel worden. Simpel toch? Als je daar nu van te voren gewoon rekening mee houdt, dan kan het eigenlijk nooit tegenvallen.'

'Als we onterecht hadden verloren kon ik wel even een tijdje denken: goh, dat was wel onterecht. Maar niet erg lang hoor. En als we waren weggespeeld, dan kon ik ook wel genieten van de vreugde bij de tegenstander. Zag je al die mannetjes door de kleedkamer hossen. Mooi toch? Dat is toch leuk om te zien? En als wij wonnen, vond ik het eigenlijk nog leuker voor de anderen. Die waren echt blij. Als we verloren hadden, vond ik het niet prettig, maar dan vooral omdat het de sfeer zo naar beneden haalde. Iedereen was dan down, of deed in elk geval zo. Hiddink die ging ijsberen en dan zei “Dit zijn kostbare punten”; dat vond ik nog wel komisch om te zien. Maar over het algemeen vond ik het gezelliger als we wonnen.’

‘Voor mij is er een grens aan verdriet en onmacht. Ik kon na een wedstrijd die we onterecht hadden verloren best even bezig zijn met de vraag hoe dat nou in godsnaam mogelijk was. Maar onder de douche was ik het alweer kwijt. Je hebt er ook die gaan schreeuwen, met schoenen gooien, met deuren smijten. Dat heb ik nooit gehad. Hans van Breukelen wel. Die kon helemaal doordraaien als we niet wonnen. En na dat incident met dat polletje was er helemaal geen land meer met hem te bezeilen. Toen kon Hansie het niet eens meer opbrengen om met ons te trainen. Heeft-ie zes weken aan de andere kant van het veld getraind, zo in de war was-ie. PSV moest toen Jan Fomannoy van Willem II halen omdat we een keeper nodig hadden bij onze trainingspartijtjes. Misschien heeft het te maken met het streven van mensen om koste wat het kost de beste te willen zijn. Zelfs als het eigenlijk niet kan. Dat heb ik nooit gehad. Ik heb als speler altijd heel goed mijn limiet gekend. Ik was een behoorlijke voetballer. Ik kon hem aardig voorgeven en ik schoot ook wel makkelijk doelpunten binnen, maar mijn fysiek zat niet mee. Ook omdat ik er niet echt voor leefde. Ik lette niet op mijn voeding, ging uit, dronk, zat achter de meiden aan. Als voetballer was ik al zo: voor mij is de vrijdag de vrijdag. Verder keek ik vaak niet. Maar daardoor kon ik op de training zo genieten van Van Basten en Gullit. Ze waren véél en véél beter dan ik, en daar nam ik direct genoegen mee. Ik wist hoe het kwam: meer talent. Wat dat betreft heb ik nooit enige frustratie gevoeld. Jij hebt helemaal geen geldingsdrang, geen topsportmentaliteit, hoor ik altijd. Ja, dat klopt, zeg ik dan maar. Of zou het zo zijn dat ik gewoon heel erg realistisch ben? Ik vond het al mooi dat ik op één veld met die gasten mocht staan. Ik bedoel: als je dan toch voetbalt, dan is het toch hartstikke leuk wanneer je dat met de beste spelers ter wereld mag doen?'

Maarten Spanjer, een van zijn beste vrienden, was daar ook al eens over begonnen. 'Zijn grootste houvast is dat hij serieus werd genomen door de voetballers waar hij zelf tegen op keek', zei hij over Van der Gijp. 'René heeft, ondanks zijn aangeboren talent, dan wel niet bij AC Milan gespeeld, maar hij werd door Gullit, Rijkaard en Van Basten, de jongens die het wél hadden gered, in elk geval geaccepteerd als gelijke. Dat heeft hij altijd heel belangrijk gevonden.'

Van der Gijp: 'Het is gewoon genieten om iemand te zien waar de kwaliteit van afdruipt. Ik heb nooit moeite gehad dat te erkennen. Maar zo is niet iedereen. In dat kleine kleedkamertje bij PSV wilde op een gegeven moment iedereen een Ruud Gullit zijn. Willy van de Kerkhof wilde per se de aanvoerdersband, Gerets wilde invloed, Ronald Koeman vond het noodzakelijk dat hij kon meepraten, Van Breukelen wilde de leider zijn... Terwijl ik alleen maar dacht: jongens, doe nou niet zo moeilijk. Laat Gullit nou gewoon de leider zijn. Hij steekt boven ieder van ons uit. En hij speelt toch ook in hetzelfde shirt? Dat snap ik niet, dat soort dingen. Geldingsdrang. Ego. Bah.'

René van der Gijp was als voetballer anders dan alle andere voetballers. Toch heeft hij zich nooit een buitenstaander gevoeld. 'Nee. Het was echt mijn wereld. Ook omdat ik altijd volledig heb geaccepteerd dat de anderen anders waren dan ik. En dat ik daar vooral mijn plezier uit moest halen, me er vooral niet tegen moest verzetten. Nee, ik heb me altijd enorm thuis gevoeld in de kleedkamer. Ik vond het gewoon leuk om al die types bij elkaar te zien, ze een beetje te observeren. Je maakte soms de gekste dingen mee. Ik zat na een verloren wedstrijd in De Kuip eens te kaarten in de spelersbus van PSV. Gullit en ik tegen Ronald Koeman en Hans van Breukelen. Die had door dat polletje net de blunder van zijn leven gemaakt. We zijn bijna in Eindhoven en de chauffeur zet de radio aan. Een sportprogramma, Langs de Lijn of zo. Het gaat over de nederlaag van PSV. Ronald Koeman komt aan het woord. 'Tsja', zegt-ie tegen de verslaggever, 'met zo'n keeper word je natuurlijk nooit kampioen.' Terwijl Van Breukelen schuin tegenover hem zat! Had je die kop moeten zien! Hansie werd he-le-maal gek! Die moesten ze echt tegenhouden. Prachtig was het. Een van de mooiste busreizen die ik ooit heb gemaakt. Echt.'

'Op de training kon ik ook verschrikkelijk genieten. Ik herinner me een discussie tussen Hallvar Thoresen en Ruud Gullit. Thoresen ging uitleggen hoe Ruud vanaf rechts moest opkomen, dat hij dan de ruimte in zou sprinten en als Ruud dan op het juist moment voorgaf, dan zorgde Hallvar alvast dat hij in de lucht hing. Zoiets. Maar na dat hele verhaal keek Gullit hem alleen maar aan en zei toen: "Ja hoor, ik al dat werk doen en jij hem er dan lekker inkoppen zeker?" Dat soort dingen, dan kwam ik niet meer bij.'

'Trainingskampen vond ik ook prachtig. Met PSV gingen we vaak naar Gran Canaria. Het was eigenlijk een soort Big Brother. We zaten dan zó op elkaars lip, dat er gelijk allerlei irritaties ontstonden. Dat vond ik altijd leuk om te zien. Het was een heel andere tijd. Bij die jongens van nu gaat het erom dat er een beetje snelle internetverbinding in het hotel is. Bij ons was het veel belangrijker dat er lekkere wijven langs het zwembad lagen. Bij de coopertest was ik nooit de snelste. Maar als er meiden langs het zwembad lagen, wel. Nee, ik kijk met heel veel plezier op mijn spelersloopbaan terug. Ik heb voetbal altijd gezien als een uiterst prettige invulling van het leven. Is toch mooi, voetballer zijn? Lekker in de ochtend trainen, uitsmijtertje eten met de jongens. Kaarten, biljartje leggen. Er zijn gewoon veel meer voordelen dan nadelen aan dat vak. Je bent fit. Je komt weleens ergens. Je bent met jongens onder elkaar. Je kunt tenminste een beetje lachen. Nee, niks mis mee. Alleen al het feit dat je in de kroeg als voetballer zo ont-zet-tend makkelijk meisjes kunt krijgen... Lekker toch? Puur omdat je toevallig in het weekeinde op van die zwarte Adidas-schoentjes loopt.'

39. Toeval

'Trainers die ons willen doen geloven dat ze de totale controle hebben. Daar kan ik zó van genieten. Bij Feyenoord zag ik zelfs de looptrainer weleens met zo'n oordopje rondwandelen. Ik hoopte maar dat hij daarop ook de inkomende en uitgaande vluchten van vliegveld Zestienhoven doorkreeg, want dan had hij er tenminste nog iets aan. Schei eens uit, man!'

-En het is allemaal de schuld van Louis van Gaal.

'Ja. Die heeft ervoor gezorgd dat er nu mannen in trainersjassen op de bank zitten met iPads, met flipovers en met weet ik veel wat nog meer. Sommigen sjouwen een hele Winkler Prins-encyclopedie mee naar de dug-out, mocht iemand in het veld iets doen wat ze nog nooit hebben gezien. Kunnen ze het snel opzoeken.'

-Maar wat is nu eigenlijk je punt?

'Dat al die trainers vergeten dat geluk juist zo'n grote factor is in het voetbal. Een voorzet die er door de harde wind in vliegt, een polletje in het gras... Daarom zouden ze voortaan in Zeist, bij het uitreiken van de trainersdiploma's, een zwarte viltstift moeten pakken en in grote letters onder al die oorkondes moeten zetten: EN VEEL GELUK! Kom op hé: voetbal is geen exacte wetenschap. Je hebt te maken met factoren waarop je geen enkele invloed hebt. Maar dat vind ik nou juist het mooie van voetbal. En als je die gedachte altijd in je achterhoofd houdt, kun je er eindeloos over blijven praten. Maar het is een beetje een teken van deze tijd, hè? Mensen zijn controlfreaks geworden. Jammer, want vaak word je daar heel ongelukkig van. Je komt namelijk in je leven honderden dingen tegen waar je géén controle over hebt.'

-Gelukkig zijn er ook nog mensen die anders zijn.

'Toen ik bij Heerenveen zat, ontmoette ik er twee: Riemer van der Velde en Fritz Korbach. Wij hadden Harry Decheiver in de ploeg. Een prima voetballer op de training, maar scoren in wedstrijden deed-ie niet veel. Toen hebben Fritz en Riemer besloten hem te verkopen, vanwege gebrek aan scorend vermogen. Ha! Harry ging naar RKC en ik geloof dat het op het einde van het seizoen weinig scheelde of hij was topscorer van Europa geworden. Maar het mooie is: Fritz en Riemer konden daar samen geweldig om lachen. Echt waar, hoor. Als we samen Studio Sport keken en die gekke Harry ramde ze er weer van alle kanten in voor RKC, dan kwamen wij in Heerenveen niet meer bij. Op een gegeven moment hebben wij er een gewoonte van gemaakt om bij de samenvatting van RKC maar onze ogen dicht te doen. Het enige wat we dan hoorden was: boem! En daarna de commentator: "Wéér een doelpunt van Decheiver." Bij ons liepen dan de tranen over de wangen. Later kwam

Harry bij Borussia Dortmund terecht, dat gewoon om de Wereldbeker speelde. En dan nog zei Fritz heel droog: "Ik ben blij dat we daar vanaf zijn, van die Decheiver." Mooi man! Er helemaal naast zitten en er dan toch een enorm plezier aan beleven. Vind ik knap.'

-Meestal kreeg jij vroeg of laat altijd ruzie met bestuursleden. Met Riemer niet?

'Nee, maar dat kwam omdat hij een echte voetbalman is. Ik had hem een keer aan de telefoon. Zat hij in La Manga, dat Spaanse trainingskamp. In de eerste tien dagen had hij dertig wedstrijden gezien! De zon scheen als een gek in Spanje, maar toen Riemer terugkwam was-ie nog helemaal wit. Hij zag eruit alsof hij een paar weken in het gips had gezeten. Geen strand of terras gezien, alleen maar voetbaltribunes. Heel bijzonder, dat soort mensen. Daar heb je er maar een paar van. Leo Beenhakker is net zo. Dat soort mannen heeft verder ook geen hobby's, voor zover ik weet. Ik zie Leo in zijn vrije tijd tenminste niet in een overall aan een oude auto sleutelen, of met zijn kaplaarzen in de tuin van de buren gezellig de heg snoeien. Nee, hij is geïnteresseerd in voetbal. Om die reden flirt hij ook op hoge leeftijd nog met allerlei landen waarmee hij naar een groot toernooi kan. Prachtig. Daarom was het ook zo dom dat Riemer van der Velde op zijn 65ste besloot te stoppen. Dat soort mensen kan beter zeggen: ik blijf hier in de bestuurskamer zitten, net zo lang tot iemand me naar buiten draagt en in zo'n lange, zwarte auto douwt. Beenhakker doet dat gelukkig. Terwijl hij ook zou kunnen zeggen: weet je wat, ik ga heerlijk op een boot liggen in Saint-Tropez, met twee lekkere Russische meiden die ik helemaal niet kan verstaan. Maar daar kunnen dat soort mensen, Beenhakker, Van Hanegem, Korbach, zich niets bij voorstellen. Ik wel. Maar zij niet. Die leven echt voor maar één ding: voetbal.'

-Fritz Korbach is ernstig ziek. Er staat hem een zware operatie te wachten.

'Ik heb het gehoord. Zielig man. Ik hoop maar dat het goed komt. Fritz vind ik echt een geweldige gozer. Altijd opgeruimd, altijd zichzelf. Echt een geweldig mannetje. Ik herinner me nog een ochtend dat ik de kleedkamer van Heerenveen binnenkwam. In die tijd had je van die plastic platen, die je bij knieblessures een paar minuten tegen je gewricht moest houden. Daar kwam dan een speciale straling vanaf, die dwars door je botten ging. Maar Fritz had die twee platen tegen zijn oor geklemd. Eén links en één rechts. *Wat ben jij nou aan het doen?*, vroeg ik. "Ik heb pijn in mijn harses", zei Fritz dan. Hij dacht: als het goed is voor je knie, is het vast ook goed voor je hoofd. Maar toen onze verzorger binnenkwam, nam hij gelijk een sprint om dat apparaat af te zetten. Het bleek levensgevaarlijk.'

40. 'Fritz lijkt op niemand. En niemand lijkt op Fritz'

Maandagmiddag, zijn vaste stek in Reeuwijk. De zon op het terras nodigt weer uit tot vrolijke bespiegelingen, maar de sloffende tred waarmee René van der Gijp nu over het grindpad komt aangelopen verraadt al dat hij niet in de stemming is voor grappen en grollen. Dat heeft alles te maken met Fritz Korbach, zijn oude trainer. De doktoren hebben hem opgegeven. 'Klote, man', zegt René van der Gijp. 'Echt zwaar klote.' Hij zet zich aan tafel met het enthousiasme van iemand die zijn galgenmaal krijgt opgediend, in plaats van gewoon een verse uitsmijter met tomaatjes en een glaasje melk.

'Die gekke Fritz heeft me het hele weekeinde bezig gehouden. Ik had het er echt even te kwaad mee. Toen ik het hoorde heb ik zijn biografie uit de kast gepakt en ben nog eens gaan lezen. Aparte man, hoor. Ik vind Fritz een geweldige vent. Een groot kind, waar geen greintje kwaadheid, jaloezie of verbittering in zit. Zijn manier van doen en denken staat zo ver af van hoe anderen het doen, dat al die anderen altijd denken: dat komt wel goed, hij gaat vast wel een keer doen zoals wij. Maar dat is natuurlijk nooit gebeurd. Gelukkig niet. Hij is altijd totaal uniek gebleven. Als mens maar ook als trainer. Je ziet in iedere trainer wel iets van een ander terug. Advocaat heeft iets van Michels, Hiddink iets van Beenhakker en ga zo maar door. Maar bij Korbach is het anders. Fritz lijkt op niemand. En niemand lijkt op Fritz. Daarom baal ik dat hij er zo erg aan toe is. Klote man, echt zwaar klote. Bah.'

Met lange tanden zet Van der Gijp zich aan de lunch. Maar gelukkig, een paar slokken melk verder komen de eerste Korbach-anekdotes als vanzelf weer bovendrijven. 'Fritz was nog een trainer met wie je kon lachen. Dat zie je ook niet veel meer. Dan was hij weer op maandagavond naar FC Groningen 2-Veendam 2 geweest en ging bij mij om half een 's nachts de telefoon. "Gijpie?", hoorde ik dan aan de andere kant van de lijn, "slaap jij al?" En als ik dan nee zei, kreeg ik geen boete, maar dan zei hij: "Mooi, dan komt Fritz even langs."

Ik herinner me de eerste keer. Mijn BMW stond voor de deur, aan de spiegel hingen de eerste babyschoentjes van mijn zoon. Dat soort rare dingen deed je in die tijd. En vervolgens reed Fritz wel zó onbedaarlijk hard tegen mijn auto aan, dat die voor mijn gevoel in één klap total loss was. Maar toen ik opendeed, stond Korbach met een uitgestreken gezicht op de deurmat en zei alleen maar: "Gijpie, de schoentjes bewogen ervan." Daarna kwam er een fles whisky op tafel. Vaak belde Fritz dan Riemer van der Velde, de voorzitter, om ook te komen en haalde ik mijn vriendin uit bed. Dan zaten we tot vier uur 's nachts over voetbal te praten. Af en toe nam Fritz dan ook een sliding op het tapijt. Dat zat vol vlekken van de whisky, het bier en de sigaren. En meestal gaf Riemer dan een paar weken later een interview in VI waarin hij dingen zei als: "René van der Gijp leeft niet voor zijn sport." Ha! Dan dacht ik altijd: ja, Riemer, maar dan moet je ook niet drie nachten per week bij mij komen aanbellen.'

41. Drank

-De drank heeft Fritz ook veel gekost.

'Klopt. De laatste vijftien jaar is daardoor natuurlijk allemaal wat minder gegaan. Dat heeft me wel pijn gedaan. Op het einde is hij zelf ook wel erg in zijn eigen imago gaan geloven. Al bleef hij toch wel altijd zichzelf.'

-Denk je dat hij tot nu toe een gelukkig leven heeft gehad?

'Ja. Ben ik van overtuigd, ondanks alle ellende die hij ook heeft meegemaakt. En ik denk dat hij dat grotendeels aan het voetbal dankt. Ik bedoel, als je zelfs al je plezier kunt halen uit het trainen van Harkemase Boys, dan betekent dat spelletje echt heel veel voor je.'

42. 'Er is vaker in de verlenging gescoord, Gijpie'

Een paar weken later, op een bewolkte donderdagavond in Leeuwarden. Het is druk in de supermarkten tegenover het Cambuur-stadion. Voor de kassa's staan lange rijen, op het parkeerterrein wordt de ene na de andere kofferbak vol plastic tassen gestouwd. Niemand van het winkelend publiek lijkt zich te realiseren welk plechtig tafereel zich ditzelfde moment een paar honderd meter verderop voltrekt. Daar, alleen aan het zicht onttrokken door de stadionmuur, dragen familieleden en vrienden net de doodskist van Fritz Korbach in langzame pas de hekken binnen.

Er stopt een zwarte terreinwagen voor de deur van het stadion. René van der Gijp en Johan Derksen stappen uit. Ze wandelen onder het portret door dat sinds een paar dagen boven de ingang hangt. Het toont het karakteristieke hoofd van Fritz Korbach, het brilletje als altijd diep op de neus. 'Deze verlenging was te kort', staat er in witte letters boven.

Fritz Korbach heeft bij zeventien clubs gewerkt, maar het is geen toeval dat hij juist hier, bij Cambuur, is opgebaard. Leeuwarden heeft altijd van hem gehouden. Hij is de enige van wie ze ooit getolereerd hebben dat hij ook SC Heerenveen trainde, de aartsrivaal waar hij René van der Gijp in zijn selectie had, een voetballer in zijn nadagen.

Over anderhalf uur gaat voor iedereen die afscheid wil nemen de stadionpoort open. Van der Gijp is daarom extra vroeg uit het Westen over gekomen. Hij wil de meute voor zijn. Eenmaal binnen blijkt hij niet de enige. Nol de Ruiter is om diezelfde reden ook al hier, net als onder anderen Foeke Booy, Jurrie Koolhof en Leen Looyen, lang geleden klasgenoot van Korbach op het CIOS. Even later betreedt het hele gezelschap met gebogen hoofd de eerste verdieping van het stadionnetje. Daar, in een hoek van de sponsorruimte, ligt de overleden trainer, opgebaard tussen bloemstukken van al zijn clubs. Hij heeft zijn bril op, draagt een leren jack en een spijkerbroek en heeft op karakteristieke wijze één hand in zijn broekzak. De man die bij leven altijd al zichzelf was, blijkt dat in de dood nu ook.

Buiten, op het parkeerterrein, hebben de eerste bezoekers zich dan al gemeld. Er zitten opvallend veel bekende gezichten tussen. Coryfeeën uit alle windstreken zijn naar Friesland gekomen om Korbach de laatste eer te bewijzen. Zelfs scheidsrechters, hoewel door Korbach langs de lijn regelmatig uitgemaakt voor 'badmuts' dan wel 'klotenklapper', lopen nu met gebogen hoofd langs zijn kist.

Ook Van der Gijp maakt de laatste gang langs zijn oud-trainer. Vrijwel direct na het bekend worden van Korbachs levensbedreigende ziekte was het contact tussen de twee mannen plotseling in korte tijd hechter geworden dan het ooit was geweest. In de urenlange telefoongesprekken tussen Leeuwarden en Dordrecht stonden de sombere vooruitzichten van de doktoren in schril contrast met het onbreekbare optimisme dat de patiënt bleef uitstralen. Korbach, die er als trainer om bekend stond wonderen te kunnen verrichten, die meer dan eens ten dode opgeschreven ploegen tot leven wist te wekken, weigerde zich uiteraard bij voorbaat neer te leggen bij zijn eigen dood. Hij sprak over zijn kans op overleving in ouderwets trainersjargon ('er is vaker in de verlenging gescoord, Gijpie') en concentreerde zich daarna al snel weer op echt belangrijke zaken: voetbal. Urenlang nam hij met Van der Gijp de stand van zaken in de voetbalwereld door. Er werd veel gelachen en ze waren het opvallend vaak met elkaar eens.

Maar nu, in Leeuwarden, staat René van der Gijp zwijgend naast zoon Bobby Korbach en kijkt toe hoe, naast de voetbalcoryfeeën, ook steeds meer onbekende mensen langs de open kist van diens vader trekken. Met z'n allen vormen ze deze avond een anoniem maar indrukwekkend defilé. Sommigen leggen bloemen neer, anderen blazen alleen nog even een kushandje naar de betreurde trainer. Er zijn tranen en opgestoken duimen, er wordt een FC Zwolle-sjaaltje aan de voet van de kist gedrapeerd en een stokoude man met een stoppelbaard mompelt eerst lange tijd iets onverstaanbaars in het Fries en plaatst dan in slow motion zijn boeketje tussen alle andere bloemen die de voetbalwereld heeft laten bezorgen.

René van der Gijp bewonderde Korbach zoals hij ook Rijk de Gooyer bewonderde. 'Fritz, Rijk de Gooyer, Herman Brood, Theo van Gogh: allemaal mensen die in alles anders waren dan de rest. Anders in wat ze zien, in hoe ze het zien en in de manier waarop ze er op reageren. Dat fascineert mij in mensen. Rijk was dik in de tachtig, maar als ik hem dan had bezocht, kon ik bij het wegrijden altijd maar één ding denken: hoe kan dit? Hoe kan iemand zó compleet anders zijn dan alle anderen? Ik herinner me dat ik een keer met Maarten Spanjer en Rijk in een café zat in Amsterdam. Maarten wees op een hele grote, kale vent aan de bar. "Dat is echt zware onderwereld", fluisterde Maarten. Wij namen het voor kennisgeving aan. Maar toen die man vertrok en ons passeerde, riep Rijk opeens:

"Hé Vleespet!"

Maarten en ik dachten dat we gek werden, maar Rijk zat daar niet mee. Hij was een geboren provocateur, nergens bang voor, en wilde gewoon kijken wat er zou gebeuren. Heel apart. Er gebeurde overigens niets. Die man was helemaal verbouwereerd. Zoiets had nog nooit iemand tegen hem gezegd.'

Misschien is het omdat hij zelf elke weekend gestrekt ligt om de Nederlandse en internationale competities te volgen, maar René van der Gijp heeft een zwak voor mensen die bezeten zijn van voetbal. 'Fritz was bezeten. Bij hem kwam voetbal op de eerste, tweede en de derde plaats. Hij deed me heel vaak denken aan mijn vader. Die hield zich ook altijd maar met één ding bezig: voetbal. Net als Willem van Hanegem trouwens. Ik kwam vroeger vaak bij Willem en Truus van Hanegem thuis. Daar werd soms zes uur aan één stuk over voetbal gesproken. Bij Fritz was het ook zo. Die bezetenheid zorgde er ook voor dat hij niet kon accepteren dat zijn carrière afgelopen was. Dan maar trainer van Rohda Raalte, Harkemase Boys, dat soort clubs. Nog altijd beter dan niets, vond Fritz. Daar werd ik weleens verdrietig van. Maar dat vastklampen aan het voetbal, ook daar zag ik mijn vader in terug. Die struinde ook tot op het laatst met zijn scootmobiel alle velden af.'

'Fritz belde op zijn sterfdag nog met Hans Nijland van FC Groningen. Hij overwoog naar het stadion te gaan voor de wedstrijd tegen ADO Den Haag. Ben je dan bezeten of niet? Toen hij geen club meer had, hing hij op woensdagmiddagen in Surhuisterveen, of in een ander Fries dorpje, allemaal aanplakbiljetten op. Daar stond dan op dat hij zaterdagmiddag een lezing gaf in de kantine van de plaatselijke voetbalclub, entree vijf euro. Soms waren er maar drie of vier mensen in de zaal, maar dat maakte Fritz geen bal uit. Dan ging-ie met evenveel enthousiasme aan de slag als wanneer ze Carré voor hem zouden hebben volgeboekt. Dat vind ik heel bijzonder. Dat was het mooie aan Fritz: dat hij altijd en onder alle omstandigheden vrolijk was. Terwijl dat bij dat mannetje ook niet vanzelf ging.'

Of René van der Gijp met het woord 'ook' aan zichzelf refereerde, werd niet helemaal duidelijk.

Binnen in het Cambuur-stadion, waar de bar zich op nog geen twintig meter van de kist bevindt, klontert de voetbalwereld samen om stil te staan bij het fenomeen Fritz Korbach. Het is onvermijdelijk dat de anekdotes zich straks in het geheugen gaan opdringen, maar nu, zo kort na de confrontatie met de dode trainer, is het nog vooral het verdriet en de weemoed die zwaar op de bezoekers drukken. Ook bij Van der Gijp. Het zal het plotselinge besef zijn dat er met dit overlijden ook op slag een unieke benadering van het trainersvak is verdwenen. Het succes van zijn werkwijze zat volledig verankerd in de man zelf. Het is hard om onder ogen te zien, maar wel waar: met de persoon Fritz Korbach is ook een complete stijl op slag verdwenen.

'Zo', zei hij op zijn eerste werkdag bij een van zijn amateurclubs. 'En wie is hier de keeper?'

In de kleedkamer stak een lange jongen met handschoenen zijn hand op.

‘Mooi’, zei Korbach, ‘dan moet jij vanmiddag dus de ballen tegenhouden.’

Het was voetbal teruggebracht tot de essentie.

Dat is mede de reden dat Van der Gijp zo somber is. Ook hij weet dat er met de dood van Korbach een methode sterft. Het is het besef dat er in de snelle, moderne voetbalwereld – waar coaches met laptops en notitieblokjes in de dug-out zitten, in plaats van met een zonnebril en een paar fijne sigaren, en waar gesproken wordt over ‘hoog in de concentratie zitten’ in plaats van over ‘een bal de kruising in neuken’ – geen plaats meer is voor paradijsvogels als Fritz Korbach, oertrainer uit een geromantiseerd verleden.

‘Barry Hughes, Fritz Korbach, Bert Jacobs, dat soort trainers zijn er niet meer’, zegt Van der Gijp op de terugweg naar het Westen. ‘Dat waren nog mannen die genoegen namen met het feit dat ze nooit honderd procent controle hadden over de gebeurtenissen in het veld. Die hadden al zó veel gekke wedstrijden meegemaakt, die wisten dat voetbal vaak afhangt van toevalligheden. Mensen in deze tijd kunnen niet meer accepteren dat het leven soms niet helemaal loopt zoals jij wilt. Ze denken dat ze totale controle over de gebeurtenissen kunnen hebben. Maar dat is een misverstand. Echt.’

43. Blote borstjes

'Ik weet nog dat ik met Jong Oranje de openingswedstrijd van het internationale toernooi van Toulon speelde. We wonnen met 4-1 van Rusland. Ik maakte alle vier de doelpunten. De een nog mooier dan de andere. Ik zweer het je: als er toen Wengers en Mourinho's op de tribune hadden gezeten, had Sparta mij voor 28 miljoen euro kunnen verkopen. Maar ik was gelijk de weg kwijt, jongen. Nu zijn de spelers zo opgevoed dat ze na een goede prestatie standaard zeggen dat vooral het resultaat belangrijk was, dat het te danken was aan het collectief en meer van dat soort onzin. Maar ik niet. Ik heb dat hele toernooi geen bal meer geraakt, laat staan gescoord. Ik heb een week lang alleen maar die vier doelpunten tegen Rusland gevierd. Ik dacht: dit maak ik nooit meer mee.'

-Wat deed je dan?

'Nou, in elk geval niet rusten en me voorbereiden op de volgende wedstrijd. Kom op, hé! Ik was zeventien jaar!'

-Maar wat dan wel?

'Ik bezocht van die Franse vakantieparken in de buurt, waar meisjes met blote borstjes lekker in het gras lagen te zonnen. Is toch heerlijk, man?'

-Het is geen toeval dat ze jou hebben uitgeroepen tot Geilneef van het Jaar, hè?

‘Nee, lijkt me niet, nee.’

-Hoe komt het dat je vrij gesloten bent over je privéleven, maar er geen moeite mee hebt om te praten over je voorliefde voor paaldansclubs en zo?

‘Waarom zou ik daar moeilijk over doen? Ik begrijp dat niet. Ik kwam graag in dat soort zaken. Nog steeds wel. Ook om te lachen en om de sfeer die daar hangt. Ik heb me daarin altijd thuis gevoeld en nooit iemand kwaad gedaan. Dus waarom zou ik daar geheimzinnig over doen?’

44. 'Eigenlijk heb ik zelden in mijn leven zo'n rare snuiter meegemaakt als Fritz'

Een dag later in Goutum. Ook bij de besloten crematie van Fritz Korbach zijn weer veel prominenten bijeen. Gertjan Verbeek staat hier op het grind, de man die zijn oud-trainer tot op de allerlaatste dag is blijven steunen en regelmatig zijn voormalig ploeggenoot Van der Gijp telefonisch op de hoogte hield. Verderop collega Co Adriaanse, die de overledene eerder in de week nog 'een leermeester' heeft genoemd. Riemer van der Velde is er, de voorzitter van Heerenveen die Korbach als trainer ontsloeg en nog diezelfde dag met hem ging vissen, Alex Pastoor, oud-prof Frank Kramer en Joop Munsterman ook, net als zijn Heracles-collega Jan Smit, van wie Korbach ooit zei dat hij zo zuinig was dat hij maar met één oog huilde. Verderop staan onder anderen oud-topscorer Kees Kist, Hans Nijland, Jan Reker, Theo Snelders en natuurlijk boezemvriend Paul Krabbe, de amateurtrainer die wel wat weg heeft van Korbach en die tot op diens sterfdag jarenlang dagelijks contact met hem had.

René van der Gijp ontbreekt. Hij heeft al eerder afscheid genomen.

'Ik ben een paar weken voor zijn dood bij Fritz op bezoek geweest, samen met Maarten Spanjer. We zouden maar een uurtje gaan, maar zijn uiteindelijk een halve dag blijven hangen. Praten ging goed, maar hij kon al bijna niet meer slikken. Hij moest 33 bestralingen ondergaan en vijf chemokuren. Die chemo's waren ter preventie, maar hebben na twee sessies zijn nieren beschadigd. Een soort allergische reactie. Toen moest hij opeens drie keer per week worden gedialyseerd. Maar aan Fritz was verder weinig te merken. We spraken nog steeds het merendeel van de tijd over voetbal, want hij had zich al volledig bij de situatie neergelegd. Dat vond ik indrukwekkend om te zien. Hoe iemand zo maar, van het ene op het andere moment, een totaal ander leven volledig accepteert. Hij was geen twee procent meer van de oude Fritz, maar daar had hij zich al mee verzoend. Bijzonder is dat, hè? We hebben er zes uur gezeten. Alle namen uit de voetballerij kwamen langs en over niemand had Fritz iets kwaads te vertellen. Niemand. Dat zegt voor mij alles. Een wereldvent. Alleen die flat waar hij woonde, daar werd je niet vrolijk van. Een soort verzorgingsflat. Heel klein en bedompt. Allemaal bejaarden als buren. Toen Maarten en ik naar buiten gingen, moest we ons eerst een weg banen door allemaal scootmobiels. Fritz stond voor het raam en zag hoe wij lachend naar buiten kwamen. Even later hing hij uit het raam om te vragen wat er zo grappig was. *Nou Fritz*, zei ik toen, *we vroegen ons af of hier nou eigenlijk nog veel lekkere wijven wonen*. Hij kwam niet meer bij. Dat was de laatste keer dat ik hem gezien heb.'

En dan, op deze plek aan de rand van Leeuwarden, komt er een einde aan een week die in het teken stond van rouw en herdenking. Fritz Korbach is in het hele land geroemd als authentiek mens en als bijzondere trainer. Klassieke anekdotes waren het geweest die ter nagedachtenis van de innemende trainer werden opgerakeld, voetbalverhalen van een uitstervend soort omdat ze afkomstig waren uit een tijdperk waarin nog niet elke beweging van een speler of trainer per mobiele telefoon werd gefilmd en op internet gezet.

Van der Gijp kent honderden van dit soort anekdotes. De eerste de beste die hem te binnen schiet, speelde zich af tijdens een training van Heerenveen. 'We waren bezig met een partijtje. Dat deed Fritz veel, partijtjes. Heerlijk was dat. Langs het veld graasden een paar schapen. Halverwege het partijtje riep Fritz opeens: "Gerrie! Gerrie!" Daarna sprintte hij heel hard het veld uit. Wij keken elkaar allemaal aan. In de verte zagen we Fritz plotseling op een schaap duiken. Toen snapten we het pas. Wij hadden een jongen in ons team die Gerrie Schaap heette. Even later probeerde hij dat schaap ook nog het veld op te tillen, maar dat mislukte helaas. Je zou het Rinus Michels of Guus Hiddink allemaal nooit zien doen en het sloeg verder ook helemaal nergens op, maar iedereen lag op de grond van het lachen en hij scoorde er op een vreemde manier wél punten mee bij zijn spelers. Door dit soort rare dingen ging iedereen door het vuur voor Fritz. Ik ook. Die man had gewoon iets bijzonders. Ik vond hem puur. Wat dat betreft leek hij wel een beetje op Jan Boskamp, ook iemand die geobsedeerd is door voetbal. Fritz had niets kwaads over zich, niets berekenends. Ik heb hem ook nooit jaloers meegemaakt. Hij was een geboren provocateur, dat wel, maar dan in elk geval een authentieke provocateur. Nee echt, een heerlijke man en een heel rare snuiter. Eigenlijk heb ik zelden in mijn leven zo'n rare snuiter meegemaakt als Fritz.'

45. Burgemeesters

'Ik moest een keer een zaal vol burgemeesters toespreken.'

-En?

'Nou, toen heb ik me echt gek gelachen.'

-Hoezo?

'Stel je dat voor! Een zaal vol met alleen maar burgemeesters! Allemaal mannen in een zwart pak, bloedserieus, met zo'n grote, zilveren ketting om! Honderden! Kom op hé! Ben ik nou de enige die dat gek vindt?'

46. 'Als die Maarten in de fik staat, zou ik hem niet eens het water indouwen'

'René is iemand die de humor in het voetbal heeft teruggebracht', zegt Maarten Spanjer, zittend achter een glas witte wijn in de Amsterdamse bodega Keyzer. 'Vroeger zat de humor in het gouden elftal van Ajax, met het duo Suurbier en Krol en de droge grappen van Piet Keizer. Je had de volkse humor van DWS in Amsterdam. Maar daarna werd het al minder. Willem van Hanegem was misschien de laatste voetballer om wie je vaak kon lachen. René bracht dat weer een beetje terug. Dat vond ik interessant. Ik werkte in de jaren tachtig als verslaggever voor Nieuwe Revu. Toen ben ik hem gaan interviewen. Mijn eerste indruk was dat hij minder patserig was dan ik dacht. In die tijd droeg hij van die verkeerde pakken, met verkeerde schoenen, en heel veel goud om zijn lijf. Of verkeerd... Ik was dat als Amsterdammer niet gewend. Laat ik het zo formuleren: modekoning Theo Sijthoff is niet voor niets in Rotterdam groot geworden.'

Ogenschijnlijk leken ze niet erg op elkaar, de glamourvolle voetballer uit de regio Rijnmond en de katholiek opgevoede acteur uit Amsterdam, opgegroeid in een groot gezin midden in een hectische stad en gezegend met een voorliefde voor en aantrekkingskracht op gekken, dwazen, kroegtijgers, dwarsliggers, beroepsouwehoeren, charlatans, bohemiens en andere buitenissige personages. 'Dat had René niet. Die begreep niet dat ik op straat in gesprek kon raken met een wildvreemde, of in mijn eentje in een bruine kroeg kon gaan zitten om al die verhalen aan te horen. Zelf leefde hij veel liever in zijn eigen, vrij kleine wereldje. Maar wat ons bond was de humor. We konden met elkaar lachen. Daarnaast deden we in die jaren allebei enorm ons best om niet te ambitieus te zijn. En mochten we het stiekem toch zijn, dan was het in elk geval zaak om dat nooit aan de buitenwereld te laten merken.'

Inmiddels, na een vriendschap van meer dan dertig jaar, weet Spanjer wel beter. 'Ik geloof na zoveel jaar niet helemaal meer dat René niet ambitieus is. Hij heeft dat wel altijd geroepen, maar volgens mij valt het wel mee. In het voetballen was hij niet erg ambitieus, dat klopt. Maar verder bedient hij zich van hetzelfde trucje als Toon Hermans. Die zei ook altijd: ik doe maar wat. Of Karel Appel: ik klieder maar wat aan. In die trant kun je René horen zeggen: ik lul gewoon wat over voetbal, meer is het niet. Maar hij heeft daar natuurlijk wel iets voor moeten doen. Hij bereidt zich wel degelijk goed op een uitzending voor.'

'Het is in de loop der jaren iets minder geworden, maar René heeft altijd een aangeboren neiging gehad om mensen te vermaken. Zat je aan een tafel met een gezelschap, dan had René altijd het hoogste woord. Had hij het niet, dan werd hij snel stil en vond hij er eigenlijk niets aan. Mensen waren pas echt interessant voor hem als ze hem de aandacht gaven, publiek werden. Daardoor verviel hij vaak in anekdotes en verhalen. Ik herken dat wel. Liever een goed verhaal vertellen, dan iets persoonlijks. Altijd de entertainer zijn. René is daar heel goed in. Hij kan een verhaal dat hij al duizend keer heeft verteld, brengen alsof het hem ter plekke te binnen schiet.'

'Wat zo uniek is: zijn humor is gebaseerd op de observaties die hij in zijn actieve loopbaan gedaan heeft. Wat dat betreft is hij maar met één iemand te vergelijken: Jan Mulder. Die heeft ook, nog terwijl hij voetbalde en midden in die wereld zat, goed om zich heen gekeken. Daardoor heeft hij er iets over te vertellen. Anderen hebben ook in die wereld gezeten, maar hebben er niets over te melden. Er is hun nooit iets opgevallen.'

'René heeft ook voor mij iets ontwapenends. Hij gedraagt zich soms misschien wat egocentrisch, ongetwijfeld een gevolg van zijn beschermde opvoeding, maar het is van huis uit een goede jongen. Hij is geen man om mee samen te wonen. Hij heeft ook geen talent voor het vaderschap. Maar er zit niets gemeens in René. Het is misschien een cliché maar ik zeg altijd: hij brengt het kwaad niet in de wereld.'
'René kan niet tegen conflicten. Ruzie, daar houdt hij niet

van. Zie je ook op televisie. Als Derksen en Genee als twee ouwe wijven aan het kijven slaan, wordt René heel stil. Ik heb het in de cafés zelf vaak meegemaakt. Als ik ruzie kreeg, ging hij mij kalmeren. "Kom op Maarten, rustig nou." Terwijl ik dacht: hé, dit pikken we toch niet? Maar René ging de problemen liever uit de weg. Zelf hebben we in al die jaren twee keer mot gehad. Allebei de keren om iets heel kleins, zoals dat gaat bij oude vrienden. René deed bij de tweede keer zijn beklag over mij bij Rob Jansen. Hij vond mij de grootste lul die hij ooit had gekend en hoefde me nooit meer te zien. "Rob", schijnt hij toen gezegd te hebben, "geloof me nou: als die Maarten in de fik staat, zou ik hem niet eens het water indouwen."

Ik kon er niets aan doen, maar toen ik dat hoorde moest ik toch weer heel erg om 'm lachen.'

47. Maarten

'Ik geloof niet dat ik in mijn leven met iemand meer gelachen heb, dan met Maarten Spanjer.'

-Vertel.

'Ik had hem net ontmoet, toen we een keer met een artiestenelftal moesten voetballen in Breda. Voorafgaand aan de wedstrijd gingen we samen eten, bij een chinees. Maarten vertelde dat hij de toneelschool had gedaan. "Ik zal je laten zien wat je daar allemaal leert", zei hij. "Bijvoorbeeld: professioneel struikelen. Let op, ik doe net of ik naar de wc ga, maar je moet goed op me blijven letten. Het gaat heel snel." Hij liep van tafel, langs een gezin dat net aan het eten was en dan deed hij net of hij struikelde. Heel geloofwaardig. Halverwege z'n val greep hij zich dan expres vast aan het tafellaken en trok de complete rijsttafel om. Die kinderen zaten helemaal onder de satésaus. Maar die mensen werden niet kwaad. Eerder bezorgd, want Maarten lag als een soort Suarez op de grond te kermen. Toen kenden we elkaar een week. Ik dacht: met hem kun je lachen.'

-Hij was ook vaak in Zwitserland.

'Ja, dat was altijd hartstikke leuk. Op een keer kwam hij precies in de week dat Aarau een nieuwe Poolse spits zou kopen. Heb ik net gedaan of Maarten die Pool was. Ik heb hem meegenomen naar het stadion, in de kleedkamer aan iedereen voorgesteld. De voorzitter zat in het complot, maar de coach wist van niks. Ik heb hem ook laten meetrainen. Dat ging goed. Maarten heeft nog bij Ajax gespeeld en zag er altijd jongensachtig uit, dus hij hield zich aardig staande. Hij gaf ook aanwijzingen tijdens het partijtje, in een soort nep-Pools. 's Avonds gingen we naar een supportersfeest. Vijfhonderd man in de zaal. Maarten zei: "Zeg even tegen die mensen dat ik een toespraak wil houden." Binnen vijf minuten stond hij op het podium. Hield-ie een ellenlange speech in het Pools, of wat daar voor moest doorgaan. Echt, Fidel Castro is kort van stof in vergelijking met die toespraak. Het heeft geloof ik veertig minuten geduurd en er was geen touw aan vast te knopen.'

48. 'Het is niet leuk meer zo'

'Hé', zegt René van der Gijp bij binnenkomst in de Hilversumse VI-studio, 'het is niet meer te doen, hè?' Hij ploft neer op de bank. Hoofdschuddend bolt hij zijn wangen. Hij ziet er moe uit. 'Pfff... Wat een gedoe, zeg. Echt.'

Eerder die week heeft er in een plaatselijke krant in Friesland een pissig stukje gestaan. René van der Gijp had kort voor aanvang van een lezing afgezegd. Een paar honderd man publiek werd teleurgesteld. Het moet in die regio een vermogen aan oppas hebben gekost.

'Al die videocamera's. Al die halfdronken mensen die honderd foto's van je willen nemen. Bah. Het is niet leuk meer zo. De mensen willen de hele avond grappen en grollen horen. Ze denken geloof ik dat ik een soort stand-upcomedian ben. Laatst sta ik een lezing te geven. Beginnen die mensen plotseling uit het niets te lachen. Ik begreep er geen bal van. Wat bleek? Achter mij hadden ze een scherm opgehangen. Mensen konden tijdens mijn praatje een tweet sturen en die verscheen dan achter mijn rug op het scherm. Was ik midden in een verhaal, stond er opeens in koeienletters achter me: *Wanneer kunnen we lunchen?* Kom op, hé! Daar word ik niet vrolijk van.' Hij blaast nog maar eens wat lucht uit en schudt zijn hoofd.

Het lijkt er sterk op dat René van der Gijp de laatste tijd iets te druk is geweest met René van der Gijp zijn. Dat begint zich nu te wreken. Hij heeft tijd en stilte nodig om te wennen aan zijn nieuwe status.

Maar die tijd en die stilte zijn er nauwelijks meer.

'Ik gaf laatst een presentatie, ergens in Noord-Holland. Wil ik aan het einde van de avond eindelijk in mijn auto stappen, word ik opeens op mijn rug getikt door een wildvreemde man. Die man staat helemaal te glunderen en heeft een schoteltje met een bal gehakt in zijn handen. "Meneer Van der Gijp", zegt-ie, "ik maak de beste bal gehakt van Purmerend en omgeving. Zou u daarmee even op de foto willen?" Ik zweer het je. Sta ik dus midden in de nacht op een donker parkeerterrein met een bal gehakt op een schoteltje te poseren. Ik zeg tegen die man: *Mag ik 'm opeten?* Zegt die vent: "Ik zou het maar niet doen, want hij is al zes maanden oud en komt rechtstreeks uit de vriezer." Daarna gaf-ie me een hand en verdween weer, met bal gehakt en al. Ik bedoel: waar gáát dit allemaal over? Waar zijn al die mensjes mee bezig?'

Een paar maanden eerder, ergens in het voorjaar van 2011.

Als er op een doordeweekse ochtend een stationwagen vol tv-apparatuur voor de bungalow in Dordrecht stopt, ziet de wereld er nog heel anders uit. De hype rond René van der Gijp is dan op zijn hoogtepunt en de man zelf lijkt het allemaal onbewogen te ondergaan.

Het programma Profiel wijdt die week een complete uitzending aan het fenomeen. Vandaar dat nu interviewer Fons de Poel aanbelt, gevolgd door een geluidsman en een cameravrouw. Ze worden door Van der Gijp al snel aangesproken als 'cameravrouwtje' en 'geluidsmannetje.', zoals Fons de Poel zelf gedurende de vijf uur dat hij in de wereld van René van der Gijp verblijft, ook constant 'Fonsie' zal worden genoemd.

Van der Gijp zet alle deuren open. Hij is die ochtend als was in de handen van de interviewer. Cameravrouwtje en geluidsmannetje dolen door het huis, langs het bed met het rode overtrek, langs de televisiekamer waar de heer des huizes zo graag in horizontale positie zijn voetbalwedstrijden bekijkt, naar de eerste verdieping waar de Van der Gijp-dynastie in plechtige zwart-witfoto's aan de muren is verbeeld en zelfs naar de tuin, waar het smetteloze zwembad wordt gefilmd. Ze neemt close-ups van de Boeddhabeelden in de slaapkamer en de oosterse kunstwerken in de andere delen van het huis, waar alles recht staat, geordend is, afgepast, rustig en relaxed.

De enige die niet zo rustig en relaxed is, is René van der Gijp zelf. De entree van drie mensen in zijn huis, noemt hij 'gedoe' en 'een hele expeditie'. Het is ook een forse inbreuk op de rust die hier normaal heerst, want er zijn dagen dat René van der Gijp nauwelijks praat. 'Maar is dat zo gek dan?', zegt hij daarover. 'Als ik naar de supermarkt rij, zie ik al die mensen met elkaar kletsen. Maar de helft hoort elkaar helemaal niet. Het is negen van de tien keer eenrichtingsverkeer, een zoektocht naar erkenning. Nou, dat heb ik niet nodig, erkenning. Daarom praat ik soms dagen nauwelijks. Ik zou ook niet weten wat ik moet zeggen in zo'n supermarkt.'

René van der Gijp heeft het imago van iemand die een open boek is. In werkelijkheid valt het niet mee om hem zijn diepere zielenroerselen te ontfutselen. Zelfs de ervaren interviewer Fons de Poel lukt het zelden zijn gesprekspartner langere tijd serieus van toon te houden. Niet dat hij het niet probeert, maar zodra het onderwerp al te persoonlijk wordt, is René van der Gijp plotseling weer net zo ongrijpbaar als hij vroeger als voetballer was. Dan wordt hij kortaf of algemeen ('er zit weinig kwaad in mij Fonsie, ik zweer het je') of kapt hij de zaak voortijdig af met een grap.

'Wat is geluk voor jou?', vraagt De Poel halverwege de middag op een zo plechtig mogelijke toon.

Van der Gijp: 'Dat mijn omgeving, mijn kindjes, mijn vriendjes, gezond blijven en het naar hun zin hebben. En volgens mij is dat nu wel het geval. Alhoewel, Rob heeft nu griep. Hopelijk niet de Mexicaanse. Toch? Fonsie?'

Pas aan het einde van de middag, als cameravrouwtje en geluidsmannetje elke hoek van het huis hebben vastgelegd, komt er een einde aan het gesprek en stelt Fons de Poel de hamvraag nog maar een keer:

'Ben jij gelukkig?'

Van der Gijp: 'Ja, Fonsie, weet je wat het is? Ik heb geen enkele reden om het niet te zijn. Als ik het niet zou zijn, zou ik walgen van mezelf. Dan zou ik over mijn nek gaan, als ik niet gelukkig was. Als ík al somber ben! Dat kan toch niet? Ik heb per dag 34 aanvragen voor lezingen, zit aan zo'n tafeltje een beetje over voetbal te kletsen en als ik dan buiten kom zeggen mensen: goh, wat doe je dat leuk. Je kunt wel denken: waar heb ik het allemaal aan te danken? Maar je kunt er ook van genieten. En dat doe ik. Het gaat nu lekker met mij. Voor hetzelfde geld komt in juni de wind van de andere kant.'

Op de zes banden aan ruw materiaal die er die dag is opgenomen, staat ook een interview met Casper van Eijck. Fons de Poel bezoekt hem in het ziekenhuis. De oncoloog spreekt bijna met vertedering over zijn beste vriend. Hij noemt hem 'een bijzonder aparte man.' Van Eijk: 'Hij is totaal anders dan veel andere mensen. René heeft een gave tot relativeren die ongeëvenaard is. Dat verklaart ook deels onze band. We komen allebei uit totaal verschillende richtingen, maar voor allebei geldt dat we af en toe behoefte hebben om te relativeren. Het vermogen om aan te voelen wat wel en niet belangrijk is in het leven, daar heeft René een bepaalde gave in. Hij wordt soms gezien als de clown in de voetbalwereld. Dat is jammer, want als je iets beter luistert, merk je dat hij waarheden als een koe vertelt. Ik heb tegen veel bestuursleden gezegd: neem hem als technisch adviseur. Hij is zo gek niet. Hij praat niet alleen maar onzin. Hij kan een wezenlijke bijdrage leveren aan het beleid van een club, daar ben ik van overtuigd.'

Als De Poel van de professor wil weten of René van der Gijp intelligent is, zegt deze: 'René heeft sociale vaardigheden die hem voor mij bestempelen als een intelligent iemand. Die kun je gerust een witte jas aantrekken en de mensen laten verzorgen. Weet ik zeker. Hij zal niks geks doen. René is goed voor de mensen. Ik vind zijn betrokkenheid bij zijn omgeving ontroerend. René heeft een groot inlevingsvermogen. Hij probeert zich altijd helemaal in je te verplaatsen. Door bij problemen met je mee te voelen, weet hij je snel weer de moed te geven om verder te gaan. Ik vind dat er veel wijsheid in René zit.'

Het is duidelijk: Casper van Eijck en René van der Gijp zijn dikke vrienden. Ze bellen elkaar elke dag, maar over echte privézaken wordt zelden gesproken. 'Ik heb het met René weleens heel globaal gehad over dat samenwonen. Ik heb daar verder geen oordeel over. Hij leidt het leven zoals hij leidt. Je kunt zeggen dat hij in een cocon leeft, maar ik denk dat hij daar ook zijn redenen voor heeft. René heeft heel veel behoefte aan rust om tot zichzelf te komen. Hij moet zich telkens opladen.'

Het vaderschap komt tussen de twee vrienden weleens ter sprake, maar ook niet vaak. 'We praten er wel over, maar het is niet altijd gemakkelijk. Hij voelt natuurlijk wel dat hij dat vaderschap niet kan invullen zoals zijn vrouw of zijn kinderen dat van hem verwachten. Maar René vult dat in vanuit zijn hart, op zijn manier. Volgens mij moet je daar geen waardeoordeel over geven. Ik merk wel dat hij het misschien liever af en toe anders zou doen, maar dat is niet altijd mogelijk.'

Zo gesloten als ze over sommige privézaken tegenover elkaar zijn, zo open communiceren ze over de momenten waarop de somberheid René van der Gijp in zijn greep kreeg en hij zelfs een tijdje de straat niet op durfde. 'Daar kunnen we goed over praten. Ik herken de momenten waarop het hem allemaal een beetje te veel is geworden. Dan lopen de radertjes vast. Maar uiteindelijk krijgen we hem daar altijd weer uit.'

Daarna roemt hij nog maar eens alle goede eigenschappen van zijn vriend. Casper van Eijck is een loyaal mens. 'Op Hemelvaartsdag speelden we met het ziekenhuis altijd een voetbalwedstrijd in het NAC-stadion. We namen altijd een of twee ex-profvoetballers mee. Dan konden we René altijd bellen. Hij is vaak geweest. Kwam-ie tien minuten voor tijd binnen, meestal met een mooie vrouw aan zijn arm. Dat was dan altijd zijn nichtje.'

En wat is nu de moraal van het verhaal?, wil Fons de Poel tot slot graag van de dokter weten.

Die lacht en zegt: 'De moraal van het verhaal is dat René ongelooflijk veel van vrouwen houdt, maar er liever niet te veel door gestoord wil worden.'

49. Tranen

-Ben je op het veld weleens in de lach geschoten?

'Ja, maar dan vooral om mezelf. Ik speelde een keer met PSV een heel matige wedstrijd. Het was voor de beker tegen TOP Oss. Op een gegeven moment wilde ik een voorzet geven, maar tikte ik per ongeluk met links de bal voor mijn eigen rechtervoet weg. Toen maakte ik een pirouette en viel achterover in het gras. Zo op mijn billen. En precies op dat moment ging aan de zijlijn het bord met mijn nummer omhoog. Dat was toeval, maar zo leek het niet. Ik vond het een ontzettend komische situatie. Een ander zou misschien boos zijn geworden omdat hij werd gewisseld, maar ik weet nog dat ik in de kleedkamer zat en dat de tranen over mijn wangen liepen van het lachen. Dat ik dacht: hier ga ik de rest van mijn leven nog heel veel plezier aan beleven.'

50. 'Doe maar eerst het alvleeskliertje'

PSV speelt tegen het Oostenrijkse SV Ried. Het staat 0-0. Halverwege de eerste helft gaat de telefoon. 'Hé', zegt René van der Gijp, 'ik heb goed nieuws!'

Er is iets vreemds aan de hand. Hij klinkt opgewekter dan normaal, om niet te zeggen euforisch. Nog vreemder: op de achtergrond is het geluid van voorbijrazend verkeer te horen, in plaats van de commentaarstem van Eredivisie Live. Hoe kan dat? Waarom ligt René van der Gijp niet gewoon met de afstandsbediening in zijn hand voor de tv, zich te ergeren aan Stanislav Manolev?

'Ik ben net gebeld door Caspertje.'

In de spaarzame uren dat prof. dr. C.H.J. van Eijk, eminent oncoloog aan het Erasmus Medisch Centrum te Rotterdam, niet tussen de zware kankerpatiënten en zijn operatiezaal doorbrengt, zit hij graag in een dug-out en wacht hij als clubarts op een gescheurde wenkbrauw of een ander sportongemak waarbij zijn hulp gewenst is. Vroeger op Het Kasteel van Sparta, waar hij dik dertig jaar geleden een hechte vriendschap met René van der Gijp sloot, en tegenwoordig in De Kuip als dokter van Feyenoord.

'Weet je wat het is?', zegt René van der Gijp vanuit de auto, 'Ik ben de laatste tijd te veel met de dood van Fritz Korbach bezig geweest. Véél te veel.'

Zijn toon is plotseling ernstig.

'Ik kon het de afgelopen dagen heel moeilijk van me af zetten. En net toen dat een beetje lukte, begonnen andere mensen me er steeds aan te herinneren. Elke dag belde er wel iemand. "Erg hè, van Fritz?" Ja, heel erg, ja. Maar weet je: die mensen hingen dan op en gingen weer gewoon door met hun dagelijkse dingetjes. Maar ik zat alleen thuis. En dan bleef ik daar elke keer heel lang over nadenken. Véél te lang. Ik werd er gek van. Het liet me niet meer los. Nou, en dat was het begin.'

Toen René van der Gijp merkte dat het overlijden van Fritz Korbach zijn gedachten begon te beheersen, wist hij onbewust al wat hem te wachten stond. Hij is vaker in zo'n situatie geweest. 'Eens in de vijf, zes jaar heb ik daar last van. Een soort angstaanvallen. Vervelend hoor. Je hebt constant een soort opgejaagd gevoel. Ik krijg er na verloop van tijd ook altijd lichamelijk last van. Zweetaanvallen, hoge bloeddruk, een verhoogde, onregelmatige hartslag. Op het einde zelfs hyperventilatie.'

Het beklemmende gevoel dat René van der Gijp in die periodes langzaam maar zeker in zijn greep krijgt, laat zich het best omschrijven als een constant gevoel van naderend onheil. Het vertaalt zich vroeg of laat ook in bepaalde dwangmatige gedachten en handelingen. 'Ja man. Dan dacht ik 's ochtend, bij het opstaan: oké, ik ga vanavond om tien uur lekker in het saunaatje zitten. Maar het gekke is: dat werd gaandeweg de dag een soort obsessie. Het beheerste mijn doen en laten. Ik werd er nerveus van. Als ik dan bijvoorbeeld bezoek had, dan dacht ik alleen maar: om kwart voor tien moeten jullie de deur uit, want om tien uur precies moet ik in de sauna zitten.'

Hij begon steeds vaker te hyperventileren de afgelopen dagen. Hij had last van een drukkend gevoel op zijn borst, een droge mond en begon allerlei dingen te vermoeden die er helemaal niet waren. Eerst nog kwaaltjes, maar al snel levensbedreigende ziektes. Het nerveuze gevoel dat constant op de achtergrond zeurde en de dwangmatige gedachten die dat scheen op te roepen, begonnen steeds merkwaardiger vormen aan te nemen. 'Maandag, nadat ik een uitsmijtertje had gegeten in Reeuwijk, reed ik terug naar Dordrecht. Toen dacht ik bij het wegrijden bij mezelf: ik hoop maar niet dat de Van Brienenoordbrug open staat. Gek hè? Je zou denken: laat lekker gaan, die Van Brienenoord. Ja toch? Bruggetje open, bruggetje dicht: wat maakt het allemaal uit? Maar nu werd ik er erg onrustig van. Nerveus. Ik kon bijna niets anders meer denken dan: als de Van Brienenoordbrug maar niet open staat.'

En intussen belde elke dag Bobby Korbach, de zoon van de betreurde trainer en spraken ze urenlang over Fritz. Zo ging het van kwaad tot erger. Tot gisteren dus. Toen was hij het opeens helemaal zat. Hij had zijn spullen bij elkaar gepakt, Caspertje gebeld met de mededeling dat hij onderweg was en ingecheckt in het Erasmus Ziekenhuis. Ook de dokter wist toen hoe laat het was: zijn vriend was toe aan zijn vijfjaarlijkse, zelfopgelegde apk-keuring.

'Als René te veel hooi op zijn vork neemt, krijgt hij psychosociale klachten', had Van Eijck maanden eerder al eens tegen Fons de Poel gezegd. 'Soms krijgt hij er ook lichamelijke klachten bij. Het zijn eigenlijk klachten die nauwelijks klachten zijn en daardoor gemakkelijk te ontzenuwen door een paar bloedonderzoekjes te doen en wat foto's te maken. Allemaal poliklinisch. Daarmee stel ik hem vaak al gerust. En voor de zekerheid laat ik hem dan ook een paar afdelingen met kankerpatiënten zien. Dan ziet-ie wat echte klachten zijn en is-ie ook eigenlijk weer heel snel onder de mensen.'

Vandaar dat René van der Gijp die bewuste ochtend zó veel buisjes bloed afstond dat hij niet alleen het gevoel kreeg dat hij elk moment tegen de vlakte zou slaan, maar waarmee ook de mate van zijn gezondheid tot ver achter de komma zou kunnen worden vastgesteld. En dat gebeurde dan ook. 'Ja man. Ik geloof dat de hele cast van ER met mijn bloed is bezig geweest. Maar een uurtje geleden belde Caspertje. Alles was gecheckt en gedubbelcheckt. Mijn bloed, mijn urine, mijn organen, alles. "Waar wil je mee beginnen?", vroeg Casper. "Je hart? Je nieren? Je alvleesklier? Je zegt het maar." Ik zei: *Doe maar eerst het alvleeskliertje*. Nou, die was prima in orde. En de rest – hart, lever, nieren, longen en al die andere dingen – óók allemaal goed. Caspertje somde het allemaal voor me op. Hij sloot af met mijn cholesterol. "Een normaal mens mag maximaal 1,8 hebben", zei hij, "En jij hebt 0,4. Dat is de waarde van een kind van twaalf! Wat mij betreft eet je vanaf nu drie uitsmijters per dag, want je bent zo gezond als een vis. Er is helemaal niets aan de hand.'"

51. Dood

-Geloof je ergens in?

'Nee.'

-Ben je bang voor de dood?

'Nee.'

-Echt niet?

'Nee. Ik verheug me er niet op, dat niet. Maar bang, nee. Ik heb het elke dag prima naar mijn zin gehad, misschien komt het daardoor. Ik zou het natuurlijk wel erg vinden voor mijn kinderen en nabestaanden en zo. Maar niet voor mezelf. En je kan ook moeilijk verrast zijn dat je dood gaat, toch? Als het goed is, weet je dat al een tijdje.'

-Als nu een dokter tegenover je zou staan en zou zeggen: "René, sorry, het is binnenkort afgelopen…"

'Dan zou ik die man een hand geven en zeggen: tja, ouwe reus, het is niet anders.'

52. 'Rot toch lekker op joh, idioot dat je er bent!'

Een dag later. Weer telefoon. René van der Gijp klinkt een stuk serieuzer dan normaal. Alle euforie is plotseling uit zijn stem verdwenen. Hij heeft nagedacht. Diep nagedacht, zo te horen. 'Weet je wat het is? Ik heb me de laatste maanden behoorlijk afgezonderd van alles en iedereen. En dat is niet goed, man. Dat is helemáál niet goed.'

Het is een verrassend begin van een gesprek, maar hij heeft wel een beetje gelijk. Het is waar dat hij de laatste maanden steeds meer begon af te zeggen. Lezingen, interviews, commercials, later ook privéafspraken: steeds vaker trok hij zich terug in zijn eigen wereld, net zo lang tot die wereld zo klein was als Madurodam.

'Ik ben ook niet gek. Ik heb me natuurlijk afgevraagd waarom ik me zo gedraag. Wat is dit nou? Hoe komt dit nou? Want als ik heel eerlijk tegen mezelf ben, moet ik zeggen dat ik de afgelopen drie, vier maanden sterk het idee heb gekregen dat de hele wereld om René van der Gijp draait. Maar waarschijnlijk klopt dat toch niet helemaal.'

Hij probeert er een lachje uit te persen, maar erg overtuigend klinkt het dit keer niet. Hier spreekt iemand die met zichzelf worstelt. 'Misschien komt het door de dood van Korbach dat alles opeens zo hard bij me binnenkomt, maar opeens realiseer ik me dat ik helemaal op het verkeerde spoor zit. Ik heb me afgezonderd van alles en iedereen waar ik van hou. Waar slaat dat op? Ik wil mijn twee kinderen veel vaker zien, weer gaan eten met Maarten, met Rob Jansen, Mario Been, met m'n andere vrienden. Het is niet gezond om zo in het leven te staan. Ik heb daar vannacht tot heel laat aan zitten denken. Het was geloof ik vijf uur in de ochtend, voordat ik een keer sliep. Ik vergeleek het met de dierenwereld. Daar heb je dat toch ook niet? Dat er een hele groep apen bij elkaar zit en dat er één aap helemaal apart zit en alleen maar uitstraalt: kom niet in mijn buurt. Maar zo was het de laatste tijd bij mij wel. Niet gezond joh, helemáál niet gezond.'

Hij lijkt nog in weinig op de man die gisteren uitermate opgeruimd uit het ziekenhuis kwam. 'Ook zoiets', zegt hij nu over de plotselinge vlucht naar het Erasmus Medisch Centrum. 'Ik kom daar binnen op die afdeling van Caspertje en gelijk worden er uit allerlei behandelkamers verpleegsters getrokken. Het ligt daar helemaal vol met mensen die aan een ernstige vorm van kanker lijden. Sommigen zijn niet meer te redden, die liggen te wachten tot ze doodgaan. Caspertje probeert alles wat hij kan om het voor die mensen een beetje dragelijk te houden. En dan komt meneer Van der Gijp binnen met zijn probleempjes en wordt het halve ziekenhuis voor hem verbouwd! Worden er overal zwaar zieke patiënten in de steek gelaten omdat de verpleegsters zo nodig honderdduizend buisjes bloed uit het lichaampje van meneer Van der Gijp moeten trekken. Absurd toch eigenlijk? Of niet? Ik lag daar vannacht aan te denken en ging steeds meer het belachelijke van die hele gang van zaken inzien. Rot toch lekker op, joh, dacht ik toen over mezelf. Idioot dat je er bent!'

Het is even stil aan de andere kant van de lijn. Dan, met een stem waar enige gêne in doorklinkt: 'Weet je wat Daniëlle tegen mij zei? Over mijn neiging om telkens de eenzaamheid op te zoeken? Ze zei: "René, je hebt nu zo veel zaken uit je leven geschrapt dat het hoogtepunt van de dag voor jou bestaat uit die paar uur die je 's middag in je eigen sauna zit. Maar weet je wat het is? Eigenlijk zit je voor lul in die sauna, helemaal in je eentje om drie uur 's middags." Daar ben ik over gaan nadenken. En ik denk dat ze gelijk heeft. Er moet iets gebeuren, want dit is zo niet vol te houden. Ik geloof dat ik de laatste zes maanden niet meer bij de voetbalwedstrijden van die kleine van mij ben wezen kijken. Zo erg was het. Hij werd kampioen met zijn voetbalelftal. Alle ouders waren er met bloemen, behalve zijn vader. Die lag thuis op de bank naar Arsenal-Liverpool te kijken, omdat dat zogenaamd belangrijker was. Wat een onzin. Ik zag er gewoon tegenop om al die mensen langs de kant onder ogen te komen. Gênant. Ik was alleen maar met mezelf bezig, met de hype, met de populariteit van het programma, de kijkcijfers, de interviewtjes, de aandacht… Toen ik vijftig werd stond die kleine voor de deur. Hij had zelf een taart voor z'n vader gebakken. Maar toen hij aanbelde, was ik net bezig met een telefonisch interview op VI Radio. Stond dat ventje daar een kwartier lang te wachten met z'n zelfgebakken taart in zijn hand. Alleen maar omdat papa zo nodig weer over zichzelf moest praten op de radio. Dat is toch niet normaal meer? Nee, echt. Ik ga het van nu af aan allemaal héél anders doen.'

53. Nemo

-Wie vind je zelf eigenlijk een goede analist?
'Willem van Hanegem. Omdat hij een idealist is, en oprecht bezeten van het spel. Naar hem luister ik heel graag. Hij en Van Basten, dat zijn mijn lievelingsanalisten. Van Basten is ook echt top. Scherp, onafhankelijk. De rest, Jans, Been, Mulder, Waterreus, die hoef ik niet te horen. Wie ik wel goed vind: Boris Becker.'
-Boris Becker? Die is toch allang gestopt?
'Ja, als tennisser. Maar ik bedoel Boris Becker, de analist. Mijn tenniscollega, zeg maar. Die zit tijdens Wimbledon bij de BBC. Echt geweldig. Kijk ik altijd naar.'
-Wat is er dan zo geweldig aan zijn analyses?
'Dat hij niets zegt! Ha! Dat is zo mooi, jongen. Die Boris zit daar in die studio voor een godsvermogen een beetje voor zich uit te staren en wanneer hem dan iets gevraagd wordt, zegt hij dingen als: "Het is bij tennis heel belangrijk dat je je eerste service in slaat en niet uit." En daarna begint hij er héél serieus bij te kijken, alsof hij zojuist iets ontzettend dieps heeft gezegd. Nou, dan pis ik in mijn broek van het lachen, als ik dat hoor. Trouwens, weet je op wie hij steeds meer gaat lijken, onze Boris?'

-Nou?

'Op Nemo! Dat goudvisje van Walt Disney! Is het je nooit opgevallen? Echt hoor. Daar lijkt hij op. Moet je de volgende keer maar eens goed naar hem kijken en vooral op z'n oogjes letten.'

54. 'Er is iets vreemds met mij aan de hand'

De eerste keer dat René van der Gijp openhartig over de schaduwzijde van zijn ogenschijnlijk zorgeloze bestaan praat, is in het voorjaar van 2010. Voor het boek De Mama's en de Papa's wordt hij dan ondervraagd door meester-interviewer Antoinnette Scheulderman. Over zijn somberheid zegt hij tegen haar: 'Misschien is het wel een mechanisme om mijn hoofd tot rust te laten komen. Zodra ik me buiten begeef raak ik in een permanente staat van verbazing. Over hoe mensen zich gedragen, en waarom ze dat zo doen. Hoe anderen me bij zo'n lezing druk proberen op te leggen. Ze verwachten van alles. Als ik weet dat ik een paar dagen vrij ben, laat ik de somberheid toe. Het is niet iets waarvoor ik naar de dokter hoef, hè. Zodra ik erover ga nadenken, is het namelijk weer over. Ik kan mezelf ook enorm zien zitten. Heb de grootste lol als ik in mijn slaapkamer een fles whisky leegdrink en vervolgens niet meer in staat ben om naar de woonkamer te lopen en het licht uit te doen. Het is somberheid op niks af.'

Ook hier komt zijn gebrek aan geldingsdrang weer ter sprake. 'Ik ben op school nooit uitgelachen. Ben nog nooit van mijn leven één seconde onzeker geweest. Reed op mijn achttiende in een Porsche die zo breed was dat ik in de straat van mijn ouders niet kon keren. In de kleedkamer had ik niet de grootste lul, ook niet de kleinste, maar ik durfde altijd onder de douche te stappen. En ik wist: als ik de Pamela Anderson van Dordt in de kroeg zag staan, en ik spande me vijf minuten in, nam ik Pamela mee naar huis. Kortom: ik ben volledig wars van welke frustratie dan ook. Ik heb zo veel rust in me dat het bijna abnormaal is. Als alles altijd een beetje heeft meegezeten, kom je misschien wel zo uit de strijd.'

Maar dat was vorig jaar. Nu is het kwart voor vijf op vrijdagmiddag. Nog minder dan vier uur voor het begin van de live-uitzending van Voetbal International. De telefoon gaat.

'Ik ga vanavond niet, hoor'

Je weet het bij hem nooit helemaal zeker, maar voorlopig doet niets in de stem van René van der Gijp vermoeden dat hij een grap maakt.

'Nee, echt. Het gaat niet. Ik heb weer last van hyperventilatie, paniekaanvalletjes... Ik was net in een kledingzaak in Papendrecht. Het zweet brak me uit. Echt. Vijf minuten ben ik daar binnen geweest. Langer hield ik het niet vol. Op de terugweg naar huis had ik het gevoel dat mijn hele buik vol lucht zat. Bah. Nee, ik heb het de afgelopen tijd geestelijk niet zo goed gedaan. Verder weet ik ook niet wat het is. Er is iets vreemds met mij aan de hand. Normaal gesproken verheug ik me op Voetbal International. Maar nu voelde het als een opluchting om af te bellen. Sorry, maar het gaat echt niet. Ik weet precies wat er zou gebeuren als ik daar wel zou gaan zitten. Dan zou ik de hele uitzending maar één ding kunnen denken: als ik maar niet omval, als ik maar niet omval. Ik ben vanmiddag naar een haptonoom geweest. Nu loop ik door een parkje. Beetje tot rust proberen te komen. De tv kan ik echt niet aan. Laat ze maar zeggen dat ik griep heb. Ik moet iemand vinden die me hier mee kan helpen. Ik moet hier vanaf.'

55. Troost

-Geloof jij in psychologen in het voetbal?

'Nee. De enige in wie ik heilig heb geloofd is Ted Troost, de haptonoom. En nog steeds trouwens.'

-Hoe dan?

'Wat de haptonomie voorstaat is een verbeterd gevoel voor ruimte. Zeg maar wat Xavi van nature heeft. Die jongen ziet alles, hè? Als hij de bal aan zijn voet heeft, ziet hij wie waar op het veld staat, maar ook of de assistent-trainer in de dug-out wel op hetzelfde stoeltje zit als de week daarvoor, dat op de vierde rij net een supporter een Mars in zijn mond steekt, dat er één lamp in de lichtmast aan vervanging toe is, gewoon álles. Maar als je dat niet van nature had, kon Ted je daarbij helpen.'

-Wat heb je van hem opgestoken?

'Oh, zo veel. Een van de dingen die Ted altijd zei, was: "Pijn zit niet in je lichaam, pijn zit in je hersenen." En dat klopt. Op een gegeven moment kon hij je knijpen wat hij wilde of desnoods volledig op je gaan springen, dat voelde je niet. Als je je maar volledig ontspande.'

-Dat gaat jou meestal wel goed af, toch, ontspannen?

'Jawel. Gelukkig maar, want Ted verzorgde, zeg maar, het sm-gedeelte van de haptonomie. Hij sloeg je soms half in elkaar. Ik heb mensen echt zien huilen op zijn tafel. Maar ik vond zijn behandelingen altijd wel lekker.'

-Maar wat deed hij dan precies?

'Hij legde je bijvoorbeeld plat op je buik en haalde dan de spanning uit je lichaam.'

-Pardon?

'Ja, hij pakte een stuk vel van je rug en trok dat een tijdje uit elkaar.'

-Andere mensen worden daar voor gearresteerd.

'Ted niet. Die schreef er een boek over. Hoe dan ook: ik ging altijd met meer energie het huis uit. Ik durf te zeggen dat Ted een van de mensen is die mij heeft gevormd. Ik zou hem best nog weleens willen zien.'

-Wat let je?

'Nou, ik heb een keer een telefoontje van zijn dochter gehad, dat hij me nooit meer wilde behandelen.'

-Waarom niet?

'Ik had in het AD verteld dat Ted op een gegeven moment een beetje aan het doordraaien was. Dan moest ik samen met Ruud Gullit en Gerald Vanenburg bij Ted op schoot komen zitten. Zaten we daar met z'n vieren, als kratjes bier op elkaar gestapeld. Dat vond ik een beetje ver gaan. Hij ging een beetje zweven, onze Ted. En je weet hoe streng ik ben voor mensen die vermoeden dat ze echt iets betekenen. Maar verder geen kwaad woord over die man. Hij kon echt iets bijzonders, alleen door je aan te raken.'

-Jij raakt mensen ook veel aan. Vooral als ze Hans Kraay jr. heten.

'Ja, die kleine Hans wordt daar altijd een beetje nerveus van, hè? Hansie houdt er niet zo van als ik de hele tijd aan hem zit. Daarom deed ik het ook. Maar dat was geen haptonomie hoor.'

-Nee?

'Nee, dat vond ik gewoon leuk om te doen.'

56. 'Achter de voordeur is hij een heel ander mens'

'Iedereen ziet René als de lolbroek, maar achter zijn voordeur is hij een heel ander mens', zegt Johan Derksen, terwijl hij deze woensdagmiddag het portier van zijn nieuwe Saab openzwaait. 'Eerlijk gezegd ben ik daar zelf ook pas heel laat achter gekomen.'

Derksen neemt plaats achter het stuur van zijn kraakheldere auto. Hij is vanmorgen zo te zien weer flink tekeer gegaan met de stofzuiger, want het interieur ziet eruit als nieuw. Het enige waaruit je kunt afleiden dat deze auto niet rechtstreeks uit de showroom komt, is de sigarenlucht die hier hangt. Johan Derksen en René van der Gijp kennen elkaar al 35 jaar lang. Vroeger, toen hij de zondagen nog niet met een sigaar achter een bureau doorbracht maar in een korte broek op een eerste-divisieveld, kreeg Derksen de tiener René van der Gijp soms al eens een dagje te logeren. Diens oom, Cor van der Gijp, was zijn trainer bij het Veendam van de jaren zeventig. Van der Gijp senior had daar ooit grote indruk op de recalcitrante linksback Derksen gemaakt door op de eerste trainingsdag in een kleedkamer vol Drentse rouwdouwers het woord tot hem te richten en hardop te zeggen: 'Hé Johan, ze zijn hier blank, maar toch versta je ze niet!'

Met René van der Gijp voelde Derksen gelijk een klik, hoewel ze qua karakter niet méér van elkaar hadden kunnen verschillen. Derksen kan keihard voor zichzelf zijn, een calvinistisch trekje dat onder meer aan de oppervlakte komt in de periode dat hij maniakaal aan het lijnen slaat. De Nederlandse televisiekijker ziet hem dan in recordtijd van langharig Michelin-poppetje veranderen in een tot op het bot vermagerde man. René van der Gijp is helemaal anders. Die doet er zijn hele leven juist alles aan om elke innerlijke strijd te vermijden. Het vertaalt zich ook in hun gedrag. Derksen staat bijvoorbeeld elke morgen om vijf uur op. Van der Gijp moet daar niet aan denken.

Vandaag rijdt Johan Derksen naar Zeist. Het moet nog middag worden, maar achter het stuur, net buiten Gouda, ontsnapt er al een langgerekte geeuw aan de hoofdredacteur van Voetbal International. Ook vanochtend was het weer vroeg dag. Het was nog steeds pikdonker in Nederland, toen hij al met zijn speciale wielerhelm op zijn zwarte hi-tech racefiets klom voor de dagelijkse zelfverkozen marteling: een tocht over de winderige dijkjes rond zijn woonplaats Oudewater. Na een aflevering van VI Oranje vertelde hij al eens over die matineuze avonturen.

'Elke ochtend, op een van die dijkjes, kom ik de postbode tegen', zei Derksen toen. 'Die heeft ochtenddienst of zo. Hij rijdt dan voor me op zo'n dienstfiets, weet je wel? En dan zit ik zo gek in elkaar: dan móet ik die man inhalen. Dus dan fiets ik me helemaal de pleuris, op mijn supersonische Ivan Basso-fiets, achter die gozer aan. En als ik hem dan ben gepasseerd, moet ik de hele tijd boven mijn macht fietsen om hem voor te blijven. Hij kan fietsen als een gek, die postbode. Gestoord word ik daar van. Dan hoor ik dat geklepper van die posttassen achter me en dan weet ik dat hij eraan komt... Vreselijk. Maar ik moet het doen, elke ochtend weer.'

Of de postbode vanochtend ook weer heeft gewonnen is niet bekend. Derksen is met zijn gedachten allang weer ergens anders. Vandaag heeft hij een afspraak met Bert van Marwijk. Onderweg naar het KNVB-kantoor praat hij tijdens het rijden in één lange monoloog over René van der Gijp, de man die hij al bijna driekwart van zijn leven kent. 'Cor van der Gijp, de oom van René, had twee zoons, maar die hadden het niet naar hun zin in Veendam. Die jongens vonden dat de mensen om hen heen vreemd spraken en ze misten hun vriendjes in Dordrecht. In de schoolvakantie kwam daarom neefje René logeren. Hij was toen een jaar of dertien. Cor nam die jongetjes doordeweeks gewoon mee naar het stadion. Als wij met Veendam aan het trainen waren, trapten zij een balletje aan de andere kant van het veld. De eerste keer dat ik René zag, hing hij in een van de hekken achter het doel.

Hij was helemaal naar boven geklommen en schreeuwde heel hard door dat lege stadion:

'Hé ome Cor, die boeren kunnen er geen klote van!'

Dat was mijn eerste kennismaking met René. Hij was een dominant jongetje. Die andere twee waren vrij rustig, maar met René erbij werd Cor helemaal gek. Ik was in die tijd semiprof. Overdag werkte ik als verslaggever bij de plaatselijke krant. Ik was de hele dag op pad. Een opening hier, een interview daar. Het werk van een stadsredacteur. Cor had bedacht dat ik die jongens wel mee kon nemen. Om negen uur 's ochtends werden ze dan op de redactie gedropt. Voordat ik het wist had ik drie van die apen op mijn achterbank. René in het midden, het hoogste woord. Ik reed overal naar toe met die gastjes, naar Veendam, Winschoten, Delfzijl, Hoogezand. En René maar grappen maken. Alleen 's ochtends, dan waren ze stil. Cor van der Gijp had verzonnen dat we met Veendam ook 's morgens vroeg zouden trainen, voordat iedereen naar zijn gewone werk ging. Moesten we ons om zes uur 's ochtends melden in de Sorghvliethal in Veendam. Cor had dan een paar thermosflessen koffie bij zich. Zo ging dat, in het betaalde voetbal van die jaren. René was daar dan ook altijd bij. Liep-ie met slaperige oogjes alweer met een bal te pielen. Zo heb ik hem leren kennen. Dat moet ergens in 1973 zijn geweest.'

'Jaren later ging ik naar Voetbal International en zag ik diezelfde René als tiener z'n debuut maken voor Sparta. En ik kwam al vrij snel veel bij de familie thuis. Wim, de vader van René, was een heel aardige man, echt een voetbalman, die ook weleens bij Veendam kwam kijken toen ik daar speelde. Ik was in Dordrecht kind aan huis en at vaak met de familie mee, dat was allemaal geen probleem.'

'Wim was de tegenpool van Cor. Het is eigenlijk onbegrijpelijk dat René een zoon van Wim is. Hij is in alles juist de jongere uitgave van zijn ome Cor. Die is welbespraakt, heeft humor en als hij aan het woord is, komt niemand er meer tussen. Echt een sfeerbepaler, maar ook iemand die cynische grappen maakt, hoewel René nooit cynisch is. Wim was juist een wat rustige, introverte man. Bescheiden, iemand die nooit voor zijn beurt zou praten. Hij was technisch tekenaar bij Lips, de slotenmaker, maar voor de rest stond zijn leven in het teken van voetbal. In zijn spelersjaren was hij een technische, hardwerkende rechtsbinnen van Sparta, een goede voetballer. Hij ging afbouwen bij DHC en werd daarna trainer in het amateurvoetbal. Dat is hij tot hoge leeftijd gebleven. Hij is met Zwart-Wit '28 nog kampioen van Nederland geworden. Toen hij stopte was hij een oude man en ging hij naar zijn zoon kijken. Wim was een voetbalvader zoals alle andere. Ze zijn allemaal hetzelfde. Ook hij had totaal geen reëel beeld van zijn zoon als voetballer. Wim adoreerde René. Hij vond het geweldig dat er weer een telg uit het beroemde geslacht Van der Gijp was doorgebroken. En dat was het natuurlijk ook.'

'René is natuurlijk een verwende blaag. Ik heb nog nooit iemand gezien die zo werd verwend als de jonge René van der Gijp. Ik kwam daar een keer op een zondagochtend aan. Stond Wim op de stoep met rubberlaarzen aan, een emmer met sop aan zijn voeten en een tuinslang in zijn hand. Was-ie de Porsche van René aan het wassen. En René stond binnen, voor het raam, te zwaaien naar mij. Hij had toen geloof ik verkering gehad met een mevrouw die thuis ook nog een echtgenoot had. Die echtgenoot had vervolgens 's nachts een pot verf over de auto van René gekiepерd. En dat stond Wim er dan allemaal af te krabben.'

'Wim en René respecteerden elkaar op een fantastische wijze. Maar dat heeft die hele Van der Gijp-dynastie. Cor gaat ook door een muur voor zijn broers. Het is een heel trotse familie, de Van der Gijp-clan. Het is niet voor niks dat René altijd trouw opdraafde in het familie-elftal. Stond hij als international opeens op een of andere knollentuin met al zijn ooms en neefjes aan de aftrap. Maar dat hoorde er nu eenmaal bij binnen zo'n voetbalfamilie.'

'Ik had vanaf de eerste minuut een ontzettend zwak voor die jongen. Alles wat hij vertelde kwam er met een lach uit. Hij zei soms de meest vreselijke dingen, maar je kon nooit kwaad op hem worden. Had-ie bij Sparta al. Louis van Gaal, Ruud Geels, dat soort jongens ergerden zich aan hem. Die waren veel serieuzer met hun vak bezig. David Loggie was een Engelse broodvoetballer, die wilde helemaal niet lachen, die wilde gewoon poen verdienen. Maar René was een losbol. Lang leve de lol. Dag en nacht.'

'Voor ons journalisten was hij natuurlijk een gouden gozer. Het werd in het voetbal toen al steeds moeilijker om ergens een verhaal te scoren waar je om kon lachen. Maar als je René ging interviewen, hoefde je daar nooit zorgen om te maken. Dat jong had altijd goede teksten.'

'Veel verantwoordelijkheidsgevoel heeft hij nooit getoond. Het is hem ook allemaal komen aanwaaien. Hij kwam uit een gespreid bedje thuis. Zijn moeder verzorgde hem, zijn vader vond alles leuk wat zijn zoontje deed. Hij ging voetballen, het ging gelijk goed en iedereen vond hem aardig. Niemand heeft hem ooit gecorrigeerd. Hij heeft nooit tegenwind gehad. Zoals René geworden is, zo hebben we hem allemaal gemaakt.'

'René stond vroeger vrij oppervlakkig in het leven. Hij plukte de dag. Ik heb hem in België vaak opgezocht.

Als je daar kwam en hij hoefde niet te trainen, lag-ie de hele dag in zijn nest. Hij vond het heel belangrijk dat hij op de spelcomputer kampioen van de club was. De rest interesseerde hem niet zo.'

'Later, toen hij in Son en Breugel woonde, huurde hij altijd videofilms. Als je dan 's avonds aanbelde, zat-ie altijd naar Police Academy te kijken. Zo'n komische film uit Amerika. Winden laten, vrouwen die uit hun jurk scheurden, dat was zijn humor. Ikzelf vond er niets aan, maar ik heb die films toen zó vaak gezien, dat ik ze wel kon dromen.'

'René had een apart soort humor. Brutaal, schijt aan alles. Ik kan me nog herinneren dat Hans Kraay senior, zijn trainer, iets gezegd had wat hem niet aanstond. Een paar dagen later belde Kraay op. Zijn auto stond in de garage. Of René de oude Kraay niet even kon oppikken, zodat ze samen naar de training konden gaan. De volgende morgen kwam René inderdaad de straat inrijden. Kraay stond al klaar. René deed het portier open, maar net toen Kraay wilde instappen, sloeg-ie 'm weer dicht, gaf gas en verdween uit het zicht. Hij reed in één rechte lijn naar De Herdgang, zei tegen niemand iets, ging zich omkleden en begon te trainen. Ze waren al drie kwartier bezig, toen eindelijk Kraay met een rood aangelopen gezicht het veld op kwam. Dat soort dingen deed hij. René zat nergens mee. Dat maakte hem ook tot een ideaal figuur om te interviewen. Hij spaarde niemand in zijn uitspraken, ook zijn medespelers niet. Vooral bij Lokeren werden ze daar gek van. Niet zo vreemd, want die mensen investeerden een hoop geld in hem en moesten dan toezien hoe Gijp tot sluitingstijd naar een dancing ging en dan, met zijn uitgaanskleren nog aan en zonder te hebben geslapen, 's ochtends vrolijk de kleedkamer binnenstapte voor de training. Dan had-ie liggen rotzooien met een of ander meisje met glitters in het haar en dan zag je René een paar uur later met een gezicht vol glitters rondjes lopen bij Lokeren. Dat kon natuurlijk niet.'

'Als voetballer was René altijd absoluut overtuigd van zichzelf. Hij heeft ook altijd volledig geparasiteerd op zijn talent. Ik heb hem tijdens zijn loopbaan nooit serieus over voetbal horen praten. Het ging bij hem ook vanzelf. Als hij de instelling had gehad van Wim en Cor, dan had hij bij AC Milan of Real Madrid gespeeld. Maar René heeft het voetbal als vak nooit serieus genomen. Ook niet als international. Hij ging naar Oranje alsof het een speeltuinvereniging was. Lekker een balletje trappen, dat was voor hem profvoetbal. Daardoor botste-ie ook bij PSV met echte broodspelers als Erik Gerets. Die zag dat René er niet naar leefde, er op de training de kantjes van afliep, en toch goed speelde. Dat stak natuurlijk bij de jongens die er hard voor moesten werken. Maar René moest altijd lachen om echte profs: Dick Advocaat, die er alles aan deed om fit te blijven. Of Hans Eijkenbroek, die het als een persoonlijke belediging beschouwde wanneer hij werd gepasseerd. Als de nood aan de man was, schoot die een bal over de tribune. Maar dat soort dingen weigerde René pertinent. Alles moest met stijl worden opgelost. Behalve als het slecht weer was. Bij wind, regen, sneeuw kwam het voor dat hij geen zin had. Dan nam-ie een snipperdag op die rechtervleugel. Als voetballer was hij gevoelig voor sfeer. Met trainers moest hij een klik hebben, anders ging het niet. Als hij iemand trof die ongezellig was of, nog erger, die hem qua karakterstructuur wilde veranderen, dan haakte hij af. Daar had-ie geen zin in. De enige trainer voor wie hij een geweldig zwak had was Barry Hughes. Die wist bij hem de juiste snaar te raken. De rest liet hij maar kletsen.'

'René had als rechtsbuiten een waanzinnige snelheid in zijn benen. Hij had souplesse, was fysiek zo sterk als een paard en er zat een kanonskogel in zijn rechtervoet. Voor zo'n lange jongen had hij een perfecte techniek. Allemaal aangeboren. Als-ie niet eens een goede mentaliteit had, maar gewoon mentaliteit, dan had-ie al honderd interlands gespeeld. Met minimale inzet is hij uiteindelijk toch nog tot vijftien gekomen. Ook knap.'

'Bij Sparta was hij nog een talent. Toen had iedereen een zwak voor hem. Maar bij PSV zag je dat hij ook wisselvallig was. Soms speelde hij fantastische wedstrijden, maar af en toe stond hij er bij als een dooie. Als René het niet naar zijn zin had, of er zat iets tegen, dan deed hij niks en zag je hem pas weer na de wedstrijd, lachend aan de bar. Want dat is het gekke: René is de enige Van der Gijp die kan verliezen. De anderen maken ruzie als ze niet winnen. Als Cor met tafeltennissen verloor, gooide hij vroeg of laat de tafel om. René had daar geen last van. Het is een slechte eigenschap voor een profvoetballer, maar ik heb hem na een nederlaag van PSV vaak schaterlachend de kleedkamer uit zien komen.'

'René heeft zijn privéleven nooit laten beïnvloeden door zijn sport. Na zijn loopbaan hoorde je hem ook nooit meer over zijn spelerscarrière. Het interesseerde hem niet. Hij kwam ook nooit op reünies. Het weerzien met zijn oude ploeggenoten deed hem niet veel. Ik had eerder de indruk dat hij ze probeerde te ontlopen, dan dat hij ze opzocht. Hij heeft nog wel in de Oud-Internationals gespeeld, wat ik vrij atypisch vond. Maar dan werd Sjaak Swart weer veel te fanatiek naar zijn zin en stopte hij ermee.'

'Ik kan me herinneren dat hij met de Oud-Internationals meedeed in de wedstrijd waarin Epy Drost een hartaanval kreeg en per ambulance werd afgevoerd, vlak voordat hij overleed. Toen is René de kantine in gestapt en heeft tegen de andere spelers geroepen: de consumptiebonnen van Epy kunnen we nu zeker wel verdelen, hè? Daar hadden nogal wat jongens moeite mee, met die opmerking. Maar van iedereen die er die middag op het veld stond, was hij uiteindelijk degene die er het meeste last van had. Want ook dat heeft hem geraakt. Die avond durfde hij niet naar huis, omdat-ie opzag tegen het alleen zijn. Toen is-ie naar Mario Been gegaan en heeft daar tot diep in de nacht over de gebeurtenissen zitten praten. Ik dacht lange tijd dat hij alleen maar gelukkig was, dat hij onbezorgd in het leven stond. Hij was de laatste van wie ik verwachtte dat hij mentale problemen zou krijgen. Maar nu weet ik dat hij zich wel degelijk over dingen zorgen maakt.'

'Ik ben er heel laat achter gekomen, dat er ook een andere René van der Gijp bestaat. Een die redelijk zwaarmoedig in het leven staat. Dat merkte ik pas in 2005, toen zijn vader overleed. Zo'n moment is altijd een klap in het leven. Iedereen heeft een rouwperiode nodig om dat te verwerken. Maar ik was toen bang dat René in dat rouwproces zou blijven steken. De buitenwereld merkte niets aan hem, maar thuis zat hij in zak en as. Terwijl hij op de begrafenis van Wim een bijna humoristische toespraak had gehouden. Zijn ome Cor kan er geloof ik nu nóg kwaad om worden. Omdat Janus en Freek al waren overleden, zei René toen in die volle aula: 'Boven in de hemel hebben ze langzamerhand een aardig bedrijfselftal. Ze missen alleen een kopsterke spits, maar die zit hier nog in de zaal.'

Zelfs op de begrafenis van zijn eigen vader kreeg hij de lachers nog op zijn hand, Cor als enige uitgezonderd. Om vervolgens een half jaar lang terneergeslagen thuis te gaan zitten. Hij verdween langzaam maar zeker helemaal uit beeld, sloot zich op. Hij liet ook steeds minder van zich horen. Ik heb hem toen nog een keer gebeld om te checken hoe het met hem ging, want ik was op een bepaald moment echt bang dat er iets ernstigs zou gebeuren met die jongen. Toen heb ik eigenlijk pas gemerkt dat er, naast die vrolijke en onbezorgde kant, ook een andere René van der Gijp bestond.'

'Op het laatst van zijn leven zat Wim van der Gijp in een rolstoel. Dat was een probleem. Hij schaamde zich ervoor. René heeft zich toen als een soort mantelzorger over hem ontfermd. Dat was echt klasse van hem. Maar met zijn eigen problemen sluit hij zich op. Het lijkt wel of hij te trots is om toe te staan dat andere mensen hem helpen. Terwijl, als je openhartig over je problemen praat, kan dat ook als een opluchting werken. Maar René moet iemand wel helemaal vertrouwen, wil hij dat doen. Hij laat niet iedereen in zijn kringetje toe.'

'René zal altijd en eeuwig een solist zijn. Alleen denk ik dat hij vaak zit opgesloten in zijn rol. Hij is slachtoffer van het verwachtingspatroon van het publiek. Voor de mensen op straat staat hij voor lachen, humor en lol. Ze verwachten veel van hem. Ook als zijn hoofd er helemaal niet naar staat. René is daar in meegegaan. Hij is net als zijn vriend Wim Suurbier, dat zijn jongens die buiten de deur de clown uithangen maar thuis redelijk zwaarmoedig kunnen zijn.'

'Ik denk dat het vreselijk is wat René heeft. Waar hij ook heen gaat, overal komt hij mensen tegen die de grappen en grollen bijna uit hem zuigen. Eigenlijk kan hij niet meer zijn, zoals hij zich voelt. En dat slaat, denk ik, terug op zijn gedrag thuis, waar-ie juist de tegenpool is. Hij wist het heel lang goed te camoufleren, maar ik weet zeker dat René van der Gijp nu door een hartstikke diep dal gaat.'

'We missen hem op televisie. In goede vorm is er geen betere dan René van der Gijp. Dat heeft hij altijd gehad. Als hij vroeger in een tv-programma zat, ging ik als kijker op het puntje van mijn stoel zitten. Hij heeft iets aanstekelijks. Het is een feest om naar die jongen te kijken. En ook om met hem samen te werken. Voor een praatprogramma als Voetbal International is het goud als je toevallig een gladde presentator hebt die irriteert, een klootzak met een gedateerd kapsel die opinieert en een derde die de lach aan zijn kont heeft hangen en het geleuter van de rest relativeert. Ik heb inmiddels met half Nederland aan die tafel gezeten, maar de chemie was er nooit zoals met René. Het gekke is: als ik wat op televisie roep wordt heel Nederland boos op me, maar als René hetzelfde doet lacht heel Nederland zich de pleuris. Ik ben ook nog nooit iemand tegengekomen die een hekel aan hem heeft. Zelfs in dat voetbalwereldje, dat van haat en nijd aan elkaar hangt, wordt hij geaccepteerd. Dat is uniek. Ik ken ook geen tweede René van der Gijp. Hij is met niemand te vergelijken. En daardoor ook eigenlijk door niemand te vervangen.'

57. Verwend

-Vind je zelf eigenlijk dat je als kind bent verwend?
'Ja. Ik ben, denk ik, wel verwend, ja. Hoewel het ook wordt overdreven. In de jeugd bij Feyenoord ging ik gewoon met de trein naar Varkenoord. Alleen het laatste stukje vanaf het station in Rotterdam ging ik met de taxi. Kostte maar drie gulden of zo. Maar ik liet die chauffeur wel mijn tas naar de kleedkamer brengen. Dat wel. Vond ik leuk.'
-Ben je lui?
'Nee. Volgens mij niet. Nee, ik ben niet lui. Als kind ook nooit geweest. Wel gemakkelijk, of zo. Het leven gemakkelijk maken, de zaken niet onnodig complex benaderen... Ja, dat heb ik altijd al gehad.'

58. 'Mafkees. Met z'n paniekaanvalletjes...'

Een bewolkte zondagochtend, het Van der Valk-hotel in Nieuwerkerk aan den IJssel. Daar draait de zwarte jeep van René van der Gijp langzaam het parkeerterrein op. Even later stapt hij uit. Grijnzend. Het is vijf weken geleden dat hij hier voor het laatst wegreed. In de tussentijd leek het even of hij in rook was opgegaan. Maar kijk: op deze grijze zondagochtend langs de snelweg komt de verloren gewaande zoon het restaurant binnenlopen alsof er nooit iets is gebeurd. Hij trekt zijn jas uit, bestelt een uitsmijter en begint te praten. 'Het was op een middag, nu vijf, zes weken geleden. Ik zat gewoon thuis op de bank. Toen begon het. Van de ene op de andere seconde, alsof er een schakelaar werd omgedraaid, was ik van de wereld. Eng hoor. Ik ben maar een tijdje op de grond gaan liggen. Dat hielp natuurlijk niets. Toen heb ik Casper gebeld. Ik had duidelijk het elastiekje in mijn hoofd te ver opgerekt.'

-Hoe erg was het?

'Eerlijk gezegd: ik ben me kapot geschrokken. Het liefst zou ik overal om lachen, maar dit was echt niet leuk meer. Ik heb het de eerste tweeënhalve week slecht gehad, man. Ik zweer het je: dit gun ik niemand. Het was vreselijk. Je haalt je de gekste dingen in je hoofd.'

-Zoals?

'Nou, je denkt echt even dat je doodgaat. Dat je op het punt staat een hartaanval te krijgen. Dat je elk moment kan omvallen. Dat je nooit meer de oude zult worden en in een gekkenhuis belandt. Dat je lichamelijk helemaal naar de klote bent. Ik zweer het: je denkt de gekste dingen. Het is vreemd hoor. Je slaapt niet, je eet niet. Brood krijg je niet weg. Je kunt kauwen en doen, maar je krijgt het niet weggeslikt.'

-Huilbuien?

'Ja, dat is ook zoiets. Dat je dan een week lang heel hard om alles moet huilen. Ik kan er nu juist wel om lachen, maar er waren van die dagen, dan huilde ik om de kleinste dingen. Echt hoor. De postbode kon nog geen brief in de bus doen of ik barstte op de bank al in snikken uit. Gek hè? Je zelfvertrouwen wordt enorm aangetast als je in zo'n wak rijdt. Je verliest het geloof in je eigen lichaam. Daar word je angstig van. Je gaat piekeren. Wat is er in godsnaam met me aan de hand? Eerst zoek je de schuld nog bij anderen. Maar al snel moet je concluderen dat je er zélf alles aan hebt gedaan om het zover te laten komen.'

-Hoe bedoel je?

'Ik heb om te beginnen mijn lichaam verwaarloosd. Ik at slecht en onregelmatig, bewoog veel te weinig. Mijn conditie was echt heel zwak. En ik had in mijn werk ook iets te lang te veel van mezelf gevraagd. Ik heb het laatste half jaar op mijn tenen gelopen, terwijl ik daar lichamelijk de energie eigenlijk niet voor had. Daardoor moest ik steeds tot het gaatje gaan en alles uit mezelf persen. Daar krijg je vroeg of laat de rekening voor gepresenteerd.'

-Denk je niet dat het ook heeft te maken met alle aandacht die jij opeens kreeg na het succes van VI Oranje?

'Jawel. Dat heeft inderdaad veel veranderd. Ik wil helemaal niet klagen, daar heb ik ook geen enkele reden voor, maar het is wel waar dat er veel meer mensen sinds die tijd telkens iets van me wilden. Vroeger werd ik vijf keer per dag gebeld door vrienden, nu veertig keer per dag door journalisten, radiostations, televisiezenders, mensen die een lezing wilden, weet ik veel wie nog meer. En allemaal verwachtten ze dezelfde uitbundige persoonlijkheid aan de telefoon als die ze van de tv kennen. Voordat ik er erg in had, zat ik dus van 's ochtends vroeg tot 's avonds laat de voetbalanalyticus René van der Gijp te spelen. Dan hoorde ik zo'n dj een aankondiging doen en dan ging ik weer in de analisten-modus. Opeens zit je dan gevangen in je eigen toneelstuk. Plotseling sta je ook met de slager uitgebreid over Sneijdertje te praten en over de verkeerde passjes van Manolev. Dat is niet goed, man. Dat houd je niet vol.'

-Nee. Zeker niet als er zo'n groot verschil is tussen het imago van de tv-persoonlijkheid René van der Gijp en het werkelijke karakter van de privépersoon.

'Luister: alle mensen op tv spelen op de een of andere manier een rol. Ik ook. Niet helemaal natuurlijk, maar de René die ik op televisie acteer, is niet degene die in Dordrecht op de bank zit. Ik bedoel: ik zit thuis echt niet de hele dag om missers van Manolev te lachen. Maar op de een of andere manier zijn die twee rollen bij mij te veel in elkaar overgelopen. Dat is niet goed, hè? Dan blaas je jezelf op. Ik zat laatst naar Paul de Leeuw te kijken. Die was bezig joh. Paul was aan het rennen en het vliegen, je zag hem verhalen vertellen en hard lachen. Als ik dat zie, dan denk ik: ja, dit kost energie. Dit gaat niet vanzelf. Zo is Paul thuis ook niet, anders hou je het niet zo lang vol. Nee, in die staat moet je je elke keer weer brengen. Zo is het bij iedereen. Ook bij mij.'

-Over de opgewektheid van Fritz Korbach zei je een keer: dat gaat bij hem ook niet vanzelf.

'Nee, natuurlijk niet.'

-Dat sloeg op jezelf?

'Ja. Maar bij mij ging alles door elkaar lopen. Ik moest gewoon weer leren dat als ik hier zit en die ober vraagt me wat ik van Nederland-Moldavië verwacht, dat ik niet gelijk in die rol van René van der Gijp de analist hoef te schieten. Dat ik gewoon normaal kan antwoorden. Daar had ik moeite mee gekregen. Om die reden ging ik me ook steeds meer terugtrekken. Ik weet nu dat dat geen goede remedie is, maar ik sloot me op in mijn eigen huis. Ik ging de straat niet meer op, was niet meer bij de voetbalwedstrijdjes van mijn zoon, ik ging niet meer lekker wandelen op het strand. Gewoon, omdat ik angst had dat ik mensen zou tegenkomen en dan weer in dat rolletje van analyticus moest vervallen. Nu weet ik dat die angst totaal onterecht is. Je hoeft dat helemaal niet, je dénkt alleen zelf dat je het moet. Dat dénk je alleen maar. Ik zweer het je: ik geloof zelfs dat je het over je afroept.'

-Hoe bedoel je?

'Op het moment dat ik bij mijn zoontje langs de lijn ga staan of over het strand ga wandelen, is het waarschijnlijk helemaal niet zo dat iedereen tegen mij over Cabral gaat praten. Ik dénk dat alleen maar. Maar omdat ik het denk, ga ik me zo gedragen dat het tóch gebeurt. Je roept het over jezelf af. Daarom ga je niet meer naar verjaardagen en zo. Je trekt je totaal terug. Je denkt dat je alleen thuis nog jezelf kunt zijn. Maar dat is onzin. Je kunt overal jezelf zijn. Helemaal geen probleem. Het had gekke situaties tot gevolg, hoor.'

-Zoals?

'Dan ging ik bijvoorbeeld naar de begraafplaats, om bloemen te brengen bij het graf van mijn vader. Zei die man van dat stalletje: "Ha René, gezellig! En wie zit er vrijdag naast je aan tafel? Jan Boskamp? Emile Schelvis? En wat vind je nou van Theo Janssen?" Eigenlijk moest ik dan snel duidelijk maken: meneer, mijn hoofd staat hier niet naar. Maar vaak voelde ik me verplicht er in mee te gaan. En voordat ik het wist stond ik dan weer een uur lang met een bosje bloemen in mijn hand tegen een wildvreemde over mezelf te praten. Nee echt hoor: ik begon een heel rare snijboon te worden. Volledig op mezelf gericht. En als je niet uitkijkt, ben je dan zó met jezelf in de weer dat je echt gaat denken dat René van der Gijp de belangrijkste persoon op aarde is. Ook door al die interviewverzoeken natuurlijk. Ik zei veel te vaak ja. Zat ik weer tweeënhalf uur over mezelf te praten met de Vara Gids, de Autokampioen, het Postzegelblad of weet ik veel met wie nog meer. En maar kakelen over René van der Gijp en hoe grappig hij wel niet was. Dat is allemaal niet goed man. Niet gezond. Ik begon echt raar gedrag te vertonen.'

-Hoe raar?

'Ik ging mijn dagen helemaal plannen. Dan boodschappen doen, dan autowassen, daarna het gras maaien, dan weer even tv kijken… Zo vulde ik mijn hele dag van te voren in. Maar als er van die planning werd afgeweken, raakte ik in paniek. Ik ging bijvoorbeeld naar de verjaardag van mijn ome Cor. Dan zei ik tegen mezelf: ik zorg dat ik om half zeven weer wegga. Maar het gevolg was dat ik om tien over zes al onrustig werd en telkens alleen maar dacht: ik moet zo weg, ik moet zo weg, ik moet zo weg. Dat is niet goed, hè? Zo ben ik ook helemaal niet. Ik ben iemand die zich vrij moet voelen om er vijftig glazen bier in te gooien en om half vijf als laatste het licht uit te doen, wanneer ik daar zin in heb. Of om drie glazen spa rood te drinken en om acht uur ergens lekker te gaan eten. Maar nu had ik mezelf een soort regime opgelegd waar ik zelf helemaal gek van werd. Dat plannen deed ik om de controle te houden, terwijl ik diep in mijn hart aanvoelde dat ik die controle allang aan het verliezen was. Door al dat gedoe raakte ik juist uit mijn doen. Ik was mezelf helemaal niet meer, man.'

-Wanneer kwam het omslagpunt?

'Toen ik de beslissing nam om eerst eens iets aan mijn fysiek te gaan doen. Ik moest weer fit worden, dat was stap één. Vanaf dat moment ben ik vijf dagen per week keihard gaan trainen. Keihard, op mijn manier dan…. En de bevestiging dat ik op de goede weg was, kwam op het moment dat ik weer om mezelf kon lachen. Dat meen ik uit de grond van mijn hart: het ging weer beter met me toen ik weer van een afstandje naar mezelf kon kijken en dan dacht: kijk 'm nou zitten, die mafkees. Met z'n paniekaanvalletjes...'

59. Alles

-Gaat het weer een beetje, meneer Van der Gijp?

'Tuurlijk wel, ouwe reus. Elke dag een stukje beter. Weet je wat erg heeft geholpen? Dat ik vorige week heb besloten om niet te veel meer terug te blikken. Ik wil vanaf nu alleen nog maar vooruit kijken. Ja, toch? De kerstdagen komen er zo weer aan, dan hang ik wat ballen in de boom en gaan we gewoon lekker door. Langzaam maar zeker word ik weer de oude. Ik heb dit weekeinde alweer lekker een paar wedstrijdjes zitten kijken.'

-Waarom zien we je dan nog niet terug op televisie?

'Ik moet nog even wat zelfvertrouwen tanken. Nog een paar goede dagen meemaken en dan ben ik er weer klaar voor. En dan heb ik het nog snel gedaan hoor, als je weet waar ik vandaan kom.'

-Waar ben je nou het meest van geschrokken?

'Dat je opeens René van der Gijp niet meer bent. Je bent het natuurlijk nog wel, maar het voelt alsof er iemand anders in je gevaren is. Niet lekker hoor. Bah.'

-En verder?

'Dat het zo plotseling gaat. Je ligt op de bank met een krant, buiten loopt de postbode, binnen neem je een hap van je boterhammetje en pats: opeens ben je het helemaal kwijt.'

-Wat ben je kwijt?

'Alles. Je houvast, je zelfvertrouwen. Alles.'

60. 'Ik was mezelf niet meer'

Baarn, 11 uur in de ochtend. René van der Gijp parkeert zijn auto voor de deur van InmoQuest. Binnen staat Anthony Willems al op hem te wachten, zoals hij dat de afgelopen weken elke werkdag deed. Willems is een fysiotherapeut en haptonoom. René van der Gijp is niet de enige die op de helende werking van diens handen en woorden vertrouwt. Willems heeft een lange ervaring met profvoetballers. In de vroege jaren negentig verbleef hij al regelmatig in het Italiaanse Foggia om Bryan Roy te behandelen. Later kwamen daar alleen maar meer grote sterren bij. In de sportzaal waar hij een deel van zijn werkzaamheden verricht herinnert het oude Arsenal-shirt van Glenn Helder aan die jaren. Het hangt naast het prachtig blauwzwarte tricot van ex-Inter-middenvelder Wim Jonk.

Deze ochtend zullen Anthony Willems en René van der Gijp dezelfde routine uitvoeren als altijd. Eerst even koffiedrinken, dan een half uurtje praten achter gesloten deuren en daarna: aan de slag. Nog voordat het middaguur heeft geslagen vindt René van der Gijp zich al terug op een hometrainer en trapt hij net zo driftig op de pedalen tot het zweet van zijn lijf gutst. Het is goed om hem zo hard aan het werk te zien.

‘Het is belangrijk dat René het vertrouwen in zijn eigen lichaam weer terugkrijgt’, zegt Willems, terwijl de voormalig rechtsbuiten van Oranje op zijn stilstaande fiets steeds harder begint te hijgen. ‘En er was ook wel wat sprake van achterstallig onderhoud. We zijn hier echt vanaf nul begonnen. Eén minuut lopen, één minuut rust: dat werk. Zo hebben we het langzaam opgebouwd. Maar René is een sterke gozer, bovendien met een topsportachtergrond. Je ziet ook dat zijn lichaam zich snel aanpast aan het nieuwe schema. Dat is alleen maar goed.’

Dan presteert Antony Willems iets wat Barry Hughes, Rinus Michels, Guus Hiddink en hoe al die andere ex-trainers van René van der Gijp ook mogen heten, nog nooit is gelukt. Hij dirigeert zijn patiënt moeiteloos richting loopband. De man die als voetballer overal om bekend stond, maar niet om zijn diepe liefde voor duurlopen, zet zichzelf hier, in het kleine, anonieme sportzaaltje aan de rand van een bedrijventerrein in Baarn, zonder morren in beweging. ‘Twee keer vijf minuten’, zegt Willems. Van der Gijp knikt gehoorzaam. Dat kan ook niet anders, want adem om te protesteren heeft hij niet meer.

Daarna breekt het hoogtepunt van deze ochtend aan, wanneer René van der Gijp twee rode bokshandschoenen om zijn vuisten krijgt geschoven en even later met een enigszins verbeten trek om de mond begint in te hakken op zijn plastic sparringpartner. Ook het stootkussen wordt nog tevoorschijn gehaald. Willems zet zich schrap en René van der Gijp trapt erop los zoals zijn tafelgenoot Hans Kraay jr. in zijn beste dagen. Daarna is het tijd voor nog wat grondoefeningen en een laatste ritje op de hometrainer, voordat Willems en Van der Gijp zich terugtrekken in een kamertje. Even later ligt René van der Gijp daar in zijn onderbroek op een behandeltafel, zijn gezicht verstopt in een gat van het kussen, en brengt licht kreunende geluidjes voort. Dat komt omdat Anthony Willems hem nu al de hele tijd aan zijn rugvel omhoog probeert te trekken. 'Zo probeer ik de laatste restjes spanning uit het lichaam weg te halen', zegt de haptonoom.

Het is een wat mysterieuze behandelmethode maar voorlopig lijkt het te werken, want diezelfde middag, op het terras van Restaurant Eemlust, maakt Van der Gijp inderdaad een ontspannen indruk. De man die vijf weken geleden nog geen hap door zijn keel kon krijgen, bestelt nu met smaak de tweede uitsmijter in twee dagen. Aan medeleven heeft hij de afgelopen weken geen gebrek gehad. Met zakken tegelijk werd de post bij hem afgeleverd. Sommigen hadden als adres alleen maar *René van der Gijp – Dordrecht* op de envelop gezet. Het kwam allemaal aan. 'Mijn vriendin werd gebeld vanuit de gevangenis in Brugge. Een wildvreemde jongen aan de lijn. Wanneer ik weer terug was in het programma, want ze misten me in de bajes. Bijzonder hè? Die gevangenen mogen één telefoontje in de week plegen. Normaal bellen ze dan hun ouders of kinderen, maar nu wilde die jongen weten hoe het met mij ging. Ze zaten elke maandag en vrijdag met een mannetje of honderdvijftig naar ons programmaatje te kijken. Wekenlang heeft die jongen dat volgehouden, elke keer maar vragen wanneer ik weer terugkwam. Eén keer belde iemand anders. "Harm zit in de isoleercel", zei toen een wildvreemde stem, "dus hij kan even niet aan de lijn komen. Hij heeft mij gevraagd dan maar even te bellen. Wanneer komt René weer terug?" Dat is toch heel bijzonder, hè? Daarom moet ik zo lachen om die mensen die steeds tegen me zeiden: neem even lekker afstand van het voetbal. Dat wilde ik helemaal niet. Voetbal was juist een houvast. Zolang ik me kon blijven verheugen op Barcelona en Manchester United was nog niet alles verloren. Hetzelfde gold voor ons tv-programma. Stoppen heb ik bijvoorbeeld geen seconde overwogen. Nee, ik wil juist zo snel mogelijk terug aan die tafel.'

Terugblikkend op de afgelopen periode, zegt Van der Gijp: 'Ik hoop dit nooit meer mee te maken. Maar ik zie het ook als een ervaring waarvan ik zeker weet dat het me op lange termijn goed doet. Ik bedoel: misschien moest er ook wel iets gebeuren. Zoals ik mijn leven leidde, dat was niet vol te houden. Ik was mezelf niet meer. Ik zat maar een beetje in dat huis op die bank, werd honderdduizend keer gebeld en dan zat ik maar een beetje René van der Gijp te spelen. En ik had het de hele dag over Manolev en over Theo Janssen. Terwijl: wat kan mij die Theo Janssen nou eigenlijk schelen? Nee, ik ben nu even van mijn sokkel geslagen, maar ik kom sterker terug. Momenteel zit ik op tachtig, vijfentachtig procent. Maar als ik straks weer helemaal wedstrijdfit ben, weet ik zeker dat ik deze periode beschouw als een die me op den duur verder heeft geholpen. Ik ben blij dat ik weer onder de mensen ben. Dan meen ik serieus. Ik zweer het je: ik ben echt zo blij als een kind.'

61. Inter

-Jij bent een van die vele voetballers die voor het geld naar het buitenland is gegaan.

'Ja, naar Zwitserland. Zat ik lekker met mijn voetjes in het Meer van Neuchâtel. En in die tijd kwamen er veel goede voetballers naar Zwitserland. Karl-Heinz Rummenigge voetbalde bijvoorbeeld bij Servette, die hadden ze overgenomen van Inter. Daar had ik trouwens ook nog bijna gespeeld.'

-Waar? Bij Inter?

'Ja. Ik mocht een keer als gastspeler meedoen aan hun toernooi. Heb ik nog fotootjes van. Sta ik in het Inter-shirt naast Hansi Müller. Ik speelde nog goed ook. Die mensen wilden mij wel kopen. Het probleem was alleen dat je in die tijd nog maar twee buitenlanders mocht opstellen. En met Ludo Coeck en Müller waren ze al voorzien.'

-Zonde.

'Ach ja. Zo gaat het. Ik had ook bij Galatasaray kunnen spelen. Ook niet doorgegaan.'

-Waarom niet?

'Ik moest een week op proef komen in Istanbul. Henk van Ginkel had dat destijds geregeld. Rob Jansen, mijn zaakwaarnemer, ging ook mee. Daar aangekomen troffen we allemaal bekenden. Guus Hiddink, Theo Laseroms; het was een hele Nederlandse enclave. Heel gezellig. Ik geloof dat we de eerste avond tot half vier 's nachts in mijn hotel hebben zitten eten en drinken. Toen er moest worden betaald, zei Van Ginkel dat ik maar even moest aftekenen. De rekening waar ik toen mijn handtekening onder zette, had de afmeting van een tafellaken, zo groot. De volgende avond: precies hetzelfde verhaal. Wéér heel gezellig, wéér zo'n tafellaken getekend. Maar toen moest ik op de derde dag toch op het matje komen bij de voorzitter. Die had de hotelrekeningen gecheckt en het idee gekregen dat hij de Nederlandse George Best op bezoek had. Hij dacht: als die gozer dit tempo volhoudt, kunnen we Galatasaray volgende week wel opdoeken.'

-En hoe liepen de onderhandelingen?

'Niet zo goed. Rob Jansen en ik zaten aan een tafel vol Turken, wachtend op die voorzitter. Een man naast me zei: als de voorzitter ergens diep over moet nadenken, pakt hij altijd de krant en gaat hij even poepen. Dus op een gegeven moment komt die voorzitter binnen en vraagt aan Rob Jansen. "Kunt u mij een indicatie geven van wat onze Nederlandse George Best zou willen verdienen?" Rob schraapt zijn keel en zegt: "We dachten aan ongeveer een miljoen dollar netto per jaar." Die man verslikt zich bijna, zegt verder niets, pakt een krant en verdwijnt richting het toilet. En wij maar wachten en wachten. Na een half uur was-ie nog niet terug. Toen zei Rob: "Ik heb het idee dat we iets te hoog in de boom zijn gaan zitten." Nou, dat klopte. We hebben die voorzitter nooit meer teruggezien. Nee, tussen Galatasaray en mij is het niets geworden. Maar ik heb wel drie geweldige dagen in Istanbul gehad. En daar gaat het toch allemaal om?'

62. 'René zag er verschrikkelijk ongelukkig uit'

'Zeg', bromt Johan Derksen, vlak voordat hij de televisiestudio van Voetbal International insloft, 'zie ik er zo wel belachelijk genoeg uit?'

Het is een paar uur voordat in Amsterdam de Gouden Televizier-Ring zal worden uitgereikt. Daar stroomt nu een zee van smokings de grote zaal van Carré binnen. Een paar kilometer zuidelijker, in Hilversum, checkt de hoofdredacteur van Voetbal International intussen zijn outfit: een jasje met grassprietjesmotief, daaronder een lelijke stropdas en om het af te maken: twee gifgroene schoenen. Provocerender kan het niet.

Derksen heeft het de afgelopen week maar druk gehad. Voor zo ongeveer elke televisiecamera in het land heeft hij op hoge toon verkondigd dat hij de nominatie voor de Televizier-Ring weliswaar als een compliment aan het programma beschouwt, maar dat hij het verdomt om 'tussen al die aangeklede apen in Carré te gaan zitten.' Bovendien acht hij winst van de ring bij voorbaat uitgesloten. Iedereen in Nederland weet dat The Voice met z'n miljoenenpubliek gaat winnen.

Vandaar ook dat er op de redactie van Voetbal International deze avond een wat melige stemming hangt.

De cameramensen dragen weliswaar smokings, iemand heeft een geïmproviseerde rode loper voor de deur gelegd en er is ook champagne, maar dat laatste is meer voor het plaatje op televisie dan dat iemand verwacht dat er vanavond nog van gedronken gaat worden.

René van der Gijp ontbreekt vanavond, zoals hij al weken ontbreekt. Niemand weet of hij vanavond thuis tv zal kijken, want er is nauwelijks contact meer met hem. Af en toe wordt er wat heen-en-weer ge-sms't, sporadisch neemt hij de telefoon op in Dordrecht, maar over het algemeen krijgt Van der Gijp de rust die hij volgens iedereen nodig heeft. Achter de schermen hebben de hoofdrolspelers zich al neergelegd bij een lange radiostilte. Johan Derksen, die Van der Gijp het langst van iedereen kent, houdt er zelfs rekening mee dat hij zijn compaan nooit meer aan tafel terugziet. Alleen het publiek wil zich nog niet neerleggen bij de situatie. Al wekenlang komen er dagelijks mails en brieven binnen met allemaal maar één onderwerp: René van der Gijp.

De meeste schrijvers willen alleen maar weten wanneer hij terugkomt en hoe het met hem gaat, anderen hebben adviezen, goedbedoelde ('Neem je tijd') en minder goedbedoelde ('Ga lekker op vakantie in Kenia! Inclusief safari! Het telefoonnummer van mijn reisbureau staat onder aan de brief'). Sommige mensen sturen een kaart, een gedicht of een cadeautje op. Op een maandagmiddag arriveert een grote, houten olifant op de redactie, inclusief spirituele tekst op het kaartje. Ook biedt een mevrouw van een kliniek als troost een gratis tandenbleekbehandeling aan.

Van der Gijp is na zijn plotselinge verdwijning die vrijdagmiddag adequaat vervangen door Koert Westerman. Hij is normaal gesproken commentator bij onder andere Eredivisie Live en RTL7 en zat toevallig in de omroepkantine te eten, toen die vrijdagavond bleek dat de stoel van Van der Gijp onbezet zou blijven. Niet veel later schoof hij aan tafel aan en wist daar volledig onvoorbereid het gevallen gat te vullen. Maar hoe goed Westerman het naar omstandigheden ook deed, hij noch al die anderen die het na hem probeerden, konden het gemis van Van der Gijp doen vergeten. De chemie tussen het vaste trio, ooit ontkiemd op televisie maar een onverwoestbaar fundament gekregen door ontelbare schnabbels in de provincie, bleek onvervangbaar.

Vanavond mogen Jan Boskamp en Aad de Mos het proberen. Speciale feestkleding ontbreekt bij de heren, want ook zij rekenen erop dat er op het einde van de avond toch niets te vieren valt. De enige die mogelijk in de prijzen zou kunnen vallen is Johan Derksen persoonlijk. Zoals René van der Gijp vlak voor z'n vijftigste werd genomineerd in de categorie 'Tv-talent van het jaar', zo maakt Derksen nu kans in de categorie 'Mannelijke tv-persoonlijkheid van het jaar.' Maar het heeft de hoofdredacteur er niet enthousiaster op gemaakt. 'Wat een flauwekul zeg. Ik doe niet mee aan dat circus van mensen die elkaar de hele dag feliciteren en prijzen geven. Ik doe twee keer per week gewoon mijn werk aan die tafel van VI. Daar hoef ik geen prijs voor. En ik ga 'm al helemaal niet ophalen in Carré. Ik heb René daar twee jaar geleden zien zitten. Hij zag er verschrikkelijk ongelukkig uit. Het is onze wereld niet.'

Twee jaar eerder, in een stille straat in Dordrecht. Op de dag van het Televiziergala doet René van der Gijp hoofdschuddend zijn voordeur open. Als genomineerde wordt hij binnen een paar uur op zijn paasbest verwacht in Carré, maar voorlopig draagt hij nog een spijkerbroek, een jeansoverhemd en een blauwe pet. Aan zijn voeten zitten bruine Uggs-laarzen. Hij staat op het punt voor het oog van de natie te worden gelauwerd, maar toch kijkt hij behoorlijk zuur. 'Ja man', zegt hij, de deurklink nog in zijn hand, 'wat een gedoe allemaal!' Hij is de hele dag al gek gebeld door krantenjournalisten, radiopresentatoren en andere landgenoten die iets van hem wilden. 'De mensen beginnen het nu wel erg serieus te nemen hè, dat prijsje? Ik bedoel: kom op hé! Ik heb al bijna geen zin meer om te gaan. Echt.'

Sinds hij werd genomineerd als tv-talent van het jaar, is het gedaan met de rust. De heer des huizes moet ervan zuchten. 'Gisteren ging ik even twee uurtjes in de sauna zitten. Wat denk je? 67 gemiste oproepen! In twee uur! Dat is toch niet normaal meer?' Gelukkig, daar kondigt de meest aanstekelijke lach van het noordelijk halfrond zich alweer aan. 'Jahaa... 67 oproepjes! Hahahaa! Het houdt de mensjes wel bezig, hè?'

Inderdaad: het prijsje houdt de mensjes bezig. Vanmorgen vroeg begon de telefoon voor het eerst te rinkelen. Een radiostation. Vervolgens ging het de hele dag zo door. Tien minuten eerder stond hij het programma Lunch nog te woord. Wat hij vond van Carlo Boszhards imitatie in de De Wereld Draait Door, wilde de presentator weten. René had zijn bewondering uitgesproken. 'Hij heeft me betrapt.' En, lachend: 'Vooral het niet luisteren naar andere mensen vond ik heel kenmerkend.' Hij vertelde dat zelfs zijn vriend Maarten Spanjer de eerste paar seconden geen verschil had gezien.

De rest van het gesprek gaat over de Talent Award. Al snel is René van der Gijp dan weer zijn laconieke zelf. 'Je zou door al die aandacht bijna gaan denken dat het echt ergens over gaat, die prijs', zegt hij dan. Nóg relativerender is hij over zijn eigen rol in het succes van Voetbal International op tv: 'Er is niets bijzonders aan wat ik doe. Ik rij aan het begin van de avond naar Hilversum, ga daar aan tafel zitten en wacht tot Wilfred me iets vraagt. Als hij vraagt: "René, hoe was je week?" Dan zeg ik: *Goed.* Als hij daarna vraagt: "Heb je nog iets leuks gezien?" Dan zeg ik: *Ja, méér dan genoeg.* En dan begint het. Echt. Meer is het niet.'

Dat er nu opeens zo'n ophef over is ontstaan, daar kan hij eigenlijk met zijn verstand niet bij. 'Mensen van allerlei omroepen hebben me deze week gebeld. Dan zegt zo'n lief meisje: "Meneer Van der Gijp, we willen u op de dag van de uitreiking graag volgen, zodat we onze kijkers kunnen laten zien hoe u zich voorbereidt op deze speciale avond". Maar het punt is: ik bereid me helemaal niet voor. Ik sta op en ik pak de krant. Als ik die uit heb lig ik hier gewoon op de bank een boekje te lezen en wacht tot het vijf uur is. Dan kleed ik me aan en rij naar Amsterdam. Meer is het niet. Maar die mensen hebben geloof ik het idee dat ik hier de hele middag voor de deur in mijn smoking sprintjes aan het trekken ben.'

Een dag eerder, voor de microfoon van VI Radio, had hij dat ook al proberen uit te leggen aan presentator Etienne Verhoeff.

Van der Gijp: 'Ik doe verder niks.'

Verhoeff: 'Maar wat doe je dan tussen de middag?'

Van der Gijp: 'Ja, wat denk je? Wat doe jíj tussen de middag?'

Verhoeff: 'Dan eet ik een boterham.'

Van der Gijp: 'Nou, ik ook.'

In Dordrecht zet Van der Gijp zich lachend aan tafel om zijn dankspeech voor te bereiden. Even heeft hij overwogen om vanavond, mocht hij de prijs daadwerkelijk winnen, het voorbeeld van zijn idool Rijk de Gooyer te volgen. 'Rijk zei een keer: "Het is geheel terecht dat ik deze prijs heb gewonnen en ook niet zo verwonderlijk, want de concurrentie kon er écht helemaal niks van".' Hij moet wéér schaterlachen als hij eraan terugdenkt. Maar nu heeft hij een ander plan: een dankwoord dat bestaat uit een ellenlange rij namen, de een nog grotesker dan de ander. Om te lachen, maar ook om het absurde van die hele expeditie in Carré te onderstrepen. Het moet een subtiele grap zijn, een die langzaam tot het publiek doordringt, maar daarna in de zaal aanzwelt als een golf voor de kust.

De oud-rechtsbuiten grijpt een wit vel, buigt zich voorover en begint te noteren. 'Ik wil even een paar mensen bedanken', leest hij even later voor. 'Mensen die een enorme steun voor me zijn geweest in mijn carrière, sommigen misschien zonder dat ze het zelf wisten. Allereerst natuurlijk Johan en Wilfred. Maar ook alle mensen achter de schermen bij RTL... Mijn vriend Maarten Spanjer, mijn vriend Rob Jansen, mijn moeder, mijn neef... Mijn andere neef, Mario Been, Ruud Gullit, mijn vriend Casper, Guus Hiddink, Bert van Marwijk… Alex Ferguson, Robert Waseige, Coen Moulijn, Nelson Mandela…'

Hard schiet de schaterlach van René van der Gijp door de huiskamer. Hij krijgt er zin in.

De lijst wordt langer en langer. 'Rijk de Gooyer… Fidel Castro… Pelé… Barack Obama… Hans Kraay junior… Hans Kraay senior… Bob Ross… Wim Suurbier… Mabel Wisse Smit… Ted de Braak… Mieke Telkamp… Jean-Marie Pfaff… Mary Servaes… Andries Knevel… Manon Thomas... Jokertje…'

Nu moet hij zijn pen even neerleggen. 'Jokertje! Ha! Goed!' Zijn lach weerkaatst tussen de muren. Daarna gaat het snel weer verder. 'Theo Maassen… Mijn tuinman… Paul de Leeuw… Jeroen Krabbé… Fred Oster… Mies Bouwman… André Rieu… Louis van Gaal… Angela Merkel… Piet Hein Donner… Gerrit Zalm… Silvio Berlusconi...' Opeens trekt hij een plechtig gezicht. Hij richt het woord tot een denkbeeldig publiek. 'Maar, dames en heren', zegt René van der Gijp op deze bijzondere vrijdagmiddag aan zijn eigen eettafel, 'ik draag deze prijs speciaal op aan één man. Aan iemand zonder wie ik hier vanavond absoluut niet had gestaan. Mijn grootste dank gaat natúúrlijk uit naar de Bulgaarse back van PSV, mijn grote vriend: Stanislav… Manolev!' Daarna is het even of

René van der Gijp stikt van het lachen. 'Ha! Goed hè! Jaha! Die kleine van PSV!', giert hij. 'Jaha! Manolevje!' Zijn stem is twee octaven gestegen. Als je goed kijkt, zie je dat de eerste tranen van de dag zich alweer aandienen.

Die avond, in Amsterdam. 'Ik heb Klukkluk er ook nog even bijgezet', meldt René van der Gijp per telefoon. Hij komt iets later dan verwacht, want hij is ook nog even snel naar de kantoorboekhandel in Dordrecht gegaan. Daar heeft hij het grootste stuk papier gekocht dat hij kon vinden. Met zwarte pen heeft hij alle namen – van Angela Merkel tot Klukkluk – netjes onder elkaar gezet. Daarna heeft hij het papier zó klein opgevouwen dat het nu in de broekzak van zijn zwarte kostuum past.

Met open boord en paraplu losjes over de schouder, komt hij even later opgewekt en samen met vriendin Daniëlle de bar van het Okura Hotel binnenlopen. Maarten Spanjer en diens vriendin Monique wachten daar al op hem. De begroeting is warm. René doet even voor hoe zijn speech straks zal verlopen. Hij haalt het papiertje uit zijn broekzak tevoorschijn en vouwt het één keer uit. Daarna nog een keer. En nóg een keer. Er komt geen einde aan. Het vouwen geeft een slapstickeffect. Uiteindelijk heeft René van der Gijp een spiekbriefje met de omvang van een zeventiende-eeuwse landkaart in zijn handen. Daarna begint hij proestend aan zijn opsomming.

Zo komt de stemming er goed in. Wel adviseert Spanjer nog één naam aan de lijst toe te voegen. 'Je moet Idi Amin er nog even tussen zetten', zegt hij.

'Idi Amin?', vraagt René. 'Oké.'

'Wil je een pen?'

'Nee', zegt Van der Gijp, 'Idi Amin, dat onthoud ik wel.'

Ook spelersmakelaar Rob Jansen en zijn vrouw Esther sluiten zich bij het kleine gezelschap genodigden aan. 'Dat dacht ik wel', zegt de huisvriend van Van der Gijp bij binnenkomst, 'ik ben weer de enige die zich aan de dresscode heeft gehouden.' Hij gaat zitten, tovert een sigaar uit de binnenzak van zijn smoking en steekt die tussen zijn lippen. Even lijkt het of het rookverbod aan Rob Jansen voorbij is gegaan. Maar al snel blijkt hoe het echt zit: de sigaar waaraan Jansen nu al de hele tijd zenuwachtig zit te trekken, is van plastic. Het is een nepsigaar, al heeft hij het zelf liever over 'een soort waterpijp.' Vroeger was Rob Jansen kettingroker. Hij verslond zó veel sigaretten dat wel eens de indruk ontstond dat hij ook onder de douche gewoon doorpafte, maar inmiddels is hij al een tijdje cold turkey gestopt. De nepsigaar geeft hem nu wat afleiding op moeilijke momenten. Dit is kennelijk zo'n moment. En gelukkig maar, want het is een fascinerend gezicht om de beroemdste voetbalmakelaar van Nederland met het ingenieuze apparaat in de weer te zien. Om de onschuld ervan te benaderen drukt hij hem zogenaamd een paar keer uit op zijn hand en wanneer hij eraan trekt, licht het rode puntje aan de voorkant gezellig op.

'Ben je zenuwachtig?', vraagt de vriendin van Maarten Spanjer intussen aan René van der Gijp. Die schudt zijn hoofd. 'Schei eens uit.' De meeste televisiesterren zijn allang in Carré, maar hier, in de bar van het Okura, bestelt René van der Gijp op zijn gemak nog een rondje. Hij is met zijn hoofd overal, behalve bij de Talent Award.

Ontspannen en enigszins laat, stapt het hele gezelschap even later alsnog in een busje richting Carré. Daar aangekomen wordt René van der Gijp meteen onder lichte dwang de rode loper opgestuurd. Het is Hollywood in de polder, dus staan er alleen een handjevol slechtgeklede paparazzifotografen, een paar camera's en wat bakvissen achter een dranghek. Maar eenmaal binnen is het alsof de pagina's van Story en Privé tot leven zijn gekomen. Iedereen die een bekend hoofd heeft, blijkt hier vanavond te zijn.

Bij de garderobe volgt een mooie ontmoeting tussen imitator en geïmiteerde. 'Kom, ik wil je even omhelzen', zegt Carlo Boszhard dan tegen een enigszins verbouwereerde René van der Gijp. 'Is goed, ouwe reus', zegt deze, 'is goed.' Je zou het niet zeggen nu ze elkaar als twee oude frontsoldaten om de schouders vallen, maar het is voor het eerst dat de twee elkaar zien. Even verderop tikt Maarten Spanjer zijn vriend Rob Jansen aan. 'Kijk', zegt hij, terwijl hij wijst naar de cast van Oh, Oh Cherso die net binnenkomt, 'daar zijn je relaties uit Den Haag.'

Dan begint de uitzending. René van der Gijp zit erbij zoals hij er altijd bij zit. Ontspannen en enigszins onderuitgezakt. Zijn blik gaat als een scanner over de omgeving. Het is duidelijk: dit is niet zijn biotoop. Daarvoor wordt het hele circus door de rest van de aanwezigen nét iets te serieus genomen. Bovendien kun je zien dat hij het warm begint te krijgen onder al die spotlights. De eerste zweetdruppels dienen zich op zijn voorhoofd aan. Dat komt het humeur van René van der Gijp zelden ten goede. Even lijkt het alleen nog een kwestie van tijd, voordat hij zijn broekspijpen zal oprollen en iemand van Carré om een teil met ijsblokjes zal vragen.

Vlak voor de uitslag is er een liveverbinding met de tafel van Voetbal International in Hilversum tot stand gebracht. Op het scherm ziet René van der Gijp er opeens gespannen uit. Via een krakende lijn stelt Johan Derksen zijn vaste partner daarom maar even gerust. 'Er is geen enkel probleem, René. Ik zie alleen maar gladjanussen in beeld. Je moet gewoon een grap maken en daar zelf heel hard om lachen. Dan lacht Carré vanzelf met je mee.' Derksen hanteert dezelfde stellige toon als waarmee hij de hele zomer heeft verkondigd dat Oranje wereldkampioen zou worden, dus wekt het niet eens heel veel verbazing dat uiteindelijk niet René van der Gijp maar Jan Kooijman blijkt te hebben gewonnen. Het is een uitslag die de oud-voetballer zelf uiterlijk onaangedaan ondergaat. Op de genodigdentribune is de reactie iets feller. Rob Jansen schudt zijn hoofd, de twee dames kijken elkaar even geschrokken aan en Maarten Spanjer is al uit zijn stoel opgestaan. 'Kom op', zegt hij, lachend als een boer met kiespijn, 'we gaan.' Even later gaat hij toch weer zitten en kijkt hij naar zijn vriend. Die zit alweer te grijnzen en lijkt met zijn gedachten inmiddels weer heel ergens anders. Het Volkskrant Magazine-interview dient zich in de herinnering aan. 'Als je niets verwacht, kan het ook niet tegenvallen.'

Na afloop. In de gangen van Carré wordt René van der Gijp van cameraploeg naar cameraploeg gesleept. Een meisje van SBS 6 Shownieuws vraagt of hij verwacht dat hij misschien volgend jaar wél wint. René: 'Nou, dan ben ik de vijftig gepasseerd. Dan is het talent er wel uit, denk ik.' Verder reageert hij zoals verwacht: laconiek. 'Het maakt mij niet zoveel uit dat ik niet heb gewonnen. Mijn leven ziet er nu niet opeens heel anders uit of zo.'

Hetzelfde vertelt hij even later tegen RTL Boulevard. 'Ik heb niet zo veel competitiedrift in me. Morgen is weer een dag als alle andere. Ik ga gewoon de auto laten doorsmeren, prijs of geen prijs.'

Ook de cameraman van De Telegraaf-website wil nog iets weten. Halverwege dat interviewtje schuift Carlo Boszhard, de grote winnaar van de avond, plotseling in beeld. Hij roemt René en schuift hem zelfs voor even zijn zojuist gewonnen Televizier-Ring om de vinger. Het is opvallend hoeveel televisie-iconen hun steun aan de oud-voetballer komen betuigen. Henny Huisman, zelf meervoudig winnaar van de ring, is een van hen. 'Ik ben een fan van René en kijk vaak naar het programma', zegt hij, 'vooral omdat er mag worden gelachen. Er heerst zelfspot aan die tafel. Dat maakt het prettig om naar te kijken. Ook voor vrouwen. Dat vind ik heel opvallend.'

'Weet je wat het verschil is met andere praatprogramma's?', zegt Van der Gijp in een vlaag van ernst. 'Wij hebben geen aanloop nodig. Wij beginnen onze zinnen ook niet met: Zonder verder iemand voor het hoofd te willen stoten en met alle respect, maar ik heb sterk de indruk dat, zonder overigens te willen generaliseren, dat... Nee, nee. Dat hele voortraject vergeten wij. Als ons om een mening wordt gevraagd over de rechtsbuiten van Ajax, dan zeggen we gelijk wat we vinden, zonder inleidend gebabbel. Dat duurt twaalf seconden. Meer niet. Dat vinden mensen leuk. En daardoor is het ook zo'n snel programma.'

De avond loopt op zijn einde. Maarten Spanjer is al buiten. Hij rookt op de rode loper een sigaret. Volgens zijn paspoort is hij bijna 58 jaar, maar in werkelijkheid is Maarten Spanjer altijd een brutaal jongetje van acht gebleven. Gelukkig maar. Als couturier Frans Molenaar als een Romeinse keizer over de rode loper komt aanschrijden, kan hij zich niet meer beheersen en draait zich van hem weg. 'Fransie!', roept hij dan en 'Hé Fransie!'

Daarna gaat het in taxi's terug naar het hotel. Vlak voor vertrek stopt er nog een Marokkaanse jongen op een mountainbike bij het opengedraaide portierraam van René van der Gijp.

'Hé man, jammer, man', zegt hij, 'jij had moeten winnen, man.'

Van der Gijp slaat de jongen zachtjes op zijn hand.

'Is goed, ouwe reus', zegt hij, 'maak je niet druk.'

Die nacht, op de 23ste etage van het Okura Hotel. In de hoek van de bar zitten Maarten Spanjer en René van der Gijp urenlang met elkaar te praten. Om de paar minuten legt René zijn arm om de schouder van zijn vriend. Ook laat hij er zijn hoofd soms een tijdje op rusten, als hij wil bijkomen van het lachen. Buiten wordt het steeds zwarter. Amsterdam gaat slapen. Binnen wordt flink doorgeboomd, maar allang niet meer over het Televizier Gala. Het gaat over Rijk de Gooyer. Hij is hun gemeenschappelijke idool. 'Rijk heeft schijt aan alles', zegt René van der Gijp, 'echt een heerlijke man.' Ze hebben de enigszins verwarde acteur onlangs nog samen opgezocht. De Gooyer gaf er inmiddels de voorkeur aan zijn dagen gekleed in badjas door te brengen. Toen René naast hem was gaan zitten, had de acteur zijn jas opengeslagen en op zijn kruis gewezen. Hij bleek een knaloranje onderbroek te dragen. 'Kijk René, dit heb ik speciaal voor jou gedaan', zei hij toen.

'Rijk kan bij mij niet meer stuk', zegt Maarten Spanjer.

'Bij mij ook niet', zegt René.

Inmiddels zijn ook de laatste gasten uit de hotelbar verdwenen. Het loopt tegen half twee. De boel moet officieel op slot, maar Maarten Spanjer doet pogingen om de barman ervan te overtuigen dat toch vooral niet te doen. Tussendoor kijkt hij uit over nachtelijk Amsterdam en bezingt de Westertoren. Naast hem haalt René zijn zakken leeg en legt al zijn bezittingen op de toog. Hij is zijn hotelsleutel kwijt. De receptie wordt gebeld voor hulp. Maarten Spanjer vertelt de barman intussen nog één keer over de verschrikkelijke dorst die hij plotseling ervaart. Dan vertrekken de twee vrienden alsnog richting uitgang. 'Jammer dat u niet gewonnen heeft', zegt de jeugdige barman bij het afscheid tegen René van der Gijp. Die legt zijn hand op de schouder van de jongen en aait hem even.

'Laat gaan, ouwe reus', zegt hij, 'laat gáán.'

Daarna verdwijnt hij richting zijn hotelkamer. Als je goed luistert, kun je hem op weg daar naartoe nog horen lachen. In zijn broekzak zit dan nog steeds het opgevouwen papiertje. Daarop staat de beste speech die Nederland nooit heeft gehoord.

Dat was twee jaar terug.

Inmiddels ziet het leven van René van der Gijp er heel anders uit. Terwijl Nederland op twee kanalen toekijkt hoe Derksen via een straalverbinding nog wat mensen in Carré beledigt, zit René van der Gijp thuis in Dordrecht bij Daniëlle op de bank. Ze kijken soms naar Voetbal International, maar meestal, als het te pijnlijk wordt en hij het niet meer kan aanzien, zappen ze alweer snel terug naar The Voice. Op het moment van de waarheid ziet hij wel hoe in Carré Mies Bouwman bijna van verbazing achterover valt wanneer ze de winnaar van de Televizier-Ring bekendmaakt:

'En de winnaar is… met 37 procent van de stemmen… Voetbal International!'

Het heeft een onbeschrijfelijke chaos in de studio tot

gevolg. Wilfred Genee kan eindelijk op het rolfluitje blazen dat al de hele avond in zijn zak brandt en betrekt Derksen zelfs in iets wat op een omhelzing lijkt. Ook na de uitzending blijft het nog lang feest op de burelen, waar de ring wordt gevierd alsof het de Europa Cup 1 is. Diep in de nacht, als Derksen allang in zijn sprietjesjas naar huis is vertrokken en de rest van televisiekijkend Nederland slaapt, neemt ook René van der Gijp telefonisch de felicitaties in ontvangst. Hij zegt dat hij trots is, maar erg veel enthousiasme is er niet in zijn stem terug te horen. 'Is toch mooi, wat wij met dat programmaatje hebben bereikt? Bijzonder, hoor. Nee, ik ben echt trots. Tuurlijk man. Wat dacht je dan?'

Het wordt een kort gesprek. Van der Gijp noemt nog een paar keer heel hard dat hij zo trots is en hangt dan op. Over een terugkeer aan tafel is niet gesproken.

In de eerstvolgende uitzending van Voetbal International is hij wel weer voor het eerst te zien, maar alleen in een glimp en op locatie. Hij acht zichzelf nog niet in staat de gemeentegrenzen van Dordrecht te passeren, en aan een Hilversumse televisiestudio moet hij helemaal nog niet denken. Wel heeft hij deze maandagochtend de voordeur geopend voor een televisieploeg van het programma. Ze komen hem zijn ring brengen en willen graag een eerste reactie.

Even later zien de kijkers van Voetbal International hun

lieveling René van der Gijp in zijn eigen achtertuin zitten. Hij doet zijn best om zo enthousiast mogelijk te doen over de prijs die in zijn afwezigheid werd gewonnen en die nu, blinkend en wel, voor het shot om zijn linkerringvinger is geschoven. Hij heeft het over zijn 'vliegende inzinking', zegt dat hij 'over twee, drie weekjes' weer terug is, dat hij 'op tachtig procentjes' zit en dat hij de uitreiking die vrijdag grotendeels heeft gevolgd. Hij perst er af en toe een grapje uit, waarop door het luisterende publiek in de studio met een mengeling van opluchting en blijdschap wordt gereageerd, maar dat René van der Gijp nog niet de oude is blijft desondanks goed te zien.

Pas weken later, terugblikkend op de hele periode, zal hij onthullen dat hij tijdens zijn inzinking eigenlijk nauwelijks een band met het programma heeft gehad. 'Ik kon er vaak niet naar kijken. Ik voelde toch een soort schaamte. Wat ben ik nou toch aan het doen, met die malle paniekaanvalletjes?, dacht ik dan. We hebben zo'n leuk programmaatje en dan doe ik dit? Echt. Daar voelde ik me schuldig over.'

63. Wereldgozer

'Weet je wie ik nou een wereldgozer vind?'

-Nou?

'Rob de Wit. Ik zag hem laatst nog. Dronken we samen iets. Hij cola, want Rob mag na zijn hersenbloeding geen alcohol meer. Verbazingwekkend, hoe positief die jongen is. En zijn humor is leuk cynisch. Hij heeft een soort zelfspot die ik heel mooi en bijzonder vind. Hij kan ook veel hebben.'

-Hoe bedoel je?

'Ik weet nog dat we een avond voor hem hadden in het FC Utrecht-stadion. Rijkaard, Van Basten, iedereen was er. De gezondheid van Robbie was toen heel slecht, kon niet meer lopen. René Froger trad die avond op, Willeke Alberti ook. Ik moet de eerste patiënt nog tegenkomen die dáár van opknapt trouwens, maar daar gaat het nu even niet om. Op een gegeven moment werd er ook een groepsfoto gemaakt. Wij met z'n allen bij elkaar, Rob ervoor in zijn rolstoel. Het was een zielig gezicht. Die man maakt een paar foto's en op een gegeven moment roep ik: *Meneer, nu even een paar zonder Rob alstublieft*. Werd het helemaal stil. Niemand maakte geluid. Behalve Rob zelf dan. Die kwam niet meer bij van het lachen. Nee, Robbie de Wit is een wereldgozer.'

64. 'Een van God gegeven talent hoor, die jongen, vergis je niet'

René van der Gijp is niet de eerste voetbalanalist die onderuit gaat. Hugo Borst, minstens zo eigenzinnig en getalenteerd als zijn voormalig Sparta-idool uit Dordrecht, kwam na jaren van televisiesucces ook met zichzelf in de knel te zitten. Het bracht hem tot een rigoureuze beslissing: hij trok zich met een J.D. Salinger-achtige allure uit het schijnsel van de Hilversumse spotlights terug en verdween van de ene op de andere dag van het scherm.

Tegenwoordig brengt Hugo Borst het merendeel van zijn tijd weer door in zijn geliefde Rotterdam in plaats van Hilversum. In de Witte de Withstraat om precies te zijn, werkend in een stadsappartement dat hij consequent 'mijn schrijfhok' noemt. Het ligt schuin tegenover restaurant Hung Kee, een door harde tl-buizen verlichte ruimte waar pekingeenden worden geserveerd zo groot als zeppelins en die vanwege de liberale openingstijden beter bekendstaat als *De Nachtchinees*. De minimalistische inrichting doet daar denken aan een verlaten perron in de DDR, alleen dan iets ongezelliger. Toch zit Hugo Borst er graag. Op de bank van zijn schrijfhok vouwt hij zijn benen in kleermakerszit en zegt: 'Het klinkt heel kinderachtig, maar ik zat net in Hung Kee toch weer zó heerlijk in mijn eentje te eten. Echt hoor.

Lekker op mijn telefoon pokeren, af en toe iemand een sms'je sturen. Geen gezeik aan mijn kop. Heerlijk.'

Veel mensen voelen zich opgelaten wanneer ze alleen in een restaurant zitten. Hugo Borst niet. Hij heeft hetzelfde als René van der Gijp: een sterke hang naar alleen zijn. 'Ja. Net als René hecht ik er ook erg aan om af en toe op mezelf te zijn. Vroeger, toen ik redacteur was bij de programma's van Spaan en Vermeegen, had ik dat ook al. Dan was ik zomaar opeens een paar uur verdwenen. 'Hugo's Houdini-act', noemde Harry dat altijd. Ik heb dat soms, dan moet ik echt even weg van alle mensen. Te druk, te benauwend. Dat kan ik niet aan. Soms denk ik weleens dat ik te veel prikkels binnenkrijg. Misschien heeft René dat ook.'

Hun mentale inzinking en hang naar rust, is niet het enige dat de twee analisten bindt. Hugo Borst en René van der Gijp gaan al veel langer terug. De eerste, Sparta-supporter sinds 1968, zag Van der Gijp ooit op Spangen debuteren en volgde hem tot aan zijn vertrek op de voet. Later interviewde hij hem als verslaggever van onder andere Voetbal International en Panorama, of kwam hij hem gewoon 's nachts in Rotterdam tegen. Nog later tilden ze vlak na elkaar het ambt van voetbalanalist op televisie naar een hoger, en vooral spannender, plan.

'Ik kan me de voetballer René van der Gijp nog heel goed voor de geest halen. Een heerlijke speler om naar te kijken. Als Sparta-supporter identificeerde ik me met hem. Ik was ook rechtsbuiten. Als ik aan René's tijd op Het Kasteel terugdenk, zie ik hem altijd met zijn shirtje over z'n broek langs de lijn staan. Dat was in de traditie van Nol Heijerman, ook een speler die in die jaren een voorbeeld voor mij was. Net als Nol, was René anders dan anderen. Hij is natuurlijk gewoon een beetje gek. Wat dat betreft had hij eigenlijk een linksbuiten moeten zijn. Als voetballer was René een absolute klasbak, zeker voor Sparta-begrippen. Nu volgde hij wel Jo van Zoest op, wat als rechtsbuiten een snurker was. Die speelde één op de tien wedstrijden goed, als je geluk had, maar verder was het een slaapwandelaar. Dus René kon het ook niet veel slechter doen.'

'Sparta was een opleidingsclub in die begin jaren tachtig en René was te goed voor ons. Je voelde aan alles dat we hem na drie jaar wel een keer gingen verliezen. Ik vond het wel erg toen hij naar Lokeren vertrok. Voor hem ging ik als supporter naar het stadion. En, eerlijk is eerlijk, ook voor Louis van Gaal.'

'René wilde graag de entertainer uithangen. Nog steeds wel, maar ik denk dat hij ook een heel diep verlangen naar stilte heeft. Tegenwoordig meer dan vroeger. In zijn Sparta-tijd hing hij nog graag de pias uit. René gedroeg zich soms als een clown. Toen in 1990 een grote storm hele delen van de Schie- en Eretribune sloopte en de stukken tribunehout door Spangen waaiden, meldde René zich met een brommerhelm op de training. Iedereen moest dan weer lachen, maar het was natuurlijk wel heel erg Snip-en-Snaphumor. Tegenwoordig is het ondenkbaar dat een voetballer zoiets zou doen, trouwens. Spelers zijn een verlengstuk geworden van de club. Er wordt ze ingeprent dat ze een voorbeeldfunctie hebben. Ze hebben zich maar te gedragen. Maar René was echt een *angry young man*. Die kom je nu niet meer tegen. John Guidetti van Feyenoord, daar kun je hem misschien nog het best mee vergelijken. De geintjes, de interactie met het publiek, dat had René ook. Al vraag ik me af of Gijp ook getwitterd had als dat kon, zoals Guidetti nu doet. Ik denk het niet, want er zat ook altijd wel veel distantie in die jongen. Hij was een eenling en wilde dat graag zo houden. Van der Gijp draagt veel tegenstellingen in zich mee. Een ervan is dat hij nooit alleen maar voetballer wilde zijn, hoewel hij eigenlijk voetballer pur sang was. Misschien dat hij het spel daarom ook in fases aan zich voorbij liet trekken, altijd maar fragmentarisch aan de wedstrijd deelnam. Hij paste eigenlijk helemaal niet in het concept van een voetbalwedstrijd. Wij, als Sparta-supporters, legden ons daar snel bij neer. Iedereen op de tribune wist dat René in negentig minuten drie, vier prachtige acties kon hebben.

Dat je hem daarop moest beoordelen. Zijn trainers werden gek van hem. Hij was zo anders, hij viel niet te coachen.'

'René kan geweldig observeren. Noem hem maar een amateurpsycholoog. Hij heeft interesse in andere mensen. Maar altijd blijft die afstand bestaan. Ook op momenten dat je het niet verwacht. Ik belde hem, als zelfbenoemd expert op het gebied van de vader-zoonrelatie, een keer op. Ik wilde hem over dat thema interviewen. Het leek mij een vrij normaal verzoek, maar René vond het een belachelijke vraag. Hij dacht er niet over. Ik was verbijsterd. Ik dacht: je behoort tot het gilde der voetballers, je snapt hoe de mediawereld werkt, je vader en jij hebben bij dezelfde club gespeeld en in Oranje... Ik bedoel: het leek me nogal logisch dat ik hem zou vragen. Maar hij vond het bijna ongepast. Ik respecteerde dat uiteraard, maar ik was er wel door verbaasd. René van der Gijp, het mediagenieke televisiebeest, laat zelf altijd maar een heel klein deel van zichzelf zien.'

'Ik ken zijn stoere uitspraken van vroeger, dat hij zich niets aantrok van de ellende in de wereld en tevreden was met zijn grote Porsche. Maar dat was allemaal provocatie. We weten nu dat er veel meer in die jongen zat. Dat provoceren had hij trouwens als voetballer ook. Hij daagde zijn tegenstander graag uit. Zijn manier van spelen was eigenlijk één grote demonstratie van macht. Hij had als speler een enorm groot ego. René was een publieksspeler pur sang. Hij had een status aparte. Zelfs voor de normen van toen, ging-ie ver maar hij kwam ermee weg. Dat is Van der Gijp: iedereen staat toe dat voor hem andere regels gelden, minder strikt. Ik kan me ook niet herinneren dat er op de tribune op hem gescholden werd door de supporters. Wel op de momenten dat hij weer eens niet meeverdedigde, maar niemand kon lang kwaad op hem blijven. Daarvoor was hij ook te fuckin' goed. Slidings maken en koppen deed hij uit principe niet, maar verder een van God gegeven talent hoor, die jongen. Vergis je niet.'

'Misschien moet je René zien als een uitvloeisel van de mondige jaren '70-generatie in het Nederlandse voetbal. Hij past in de traditie van figuren als Frans Derks en Willem van Hanegem. René is geen neo-hippie, dat niet, maar in zekere zin durfde hij zich net zo onafhankelijk op te stellen als de jonge Johan Cruijff. Net als Cruijff nam René nooit een blad voor de mond. En als het moest, zette-ie 'm ook nog in de overdrive. Dat doet-ie trouwens nog steeds. Als René een verhaal vertelt en merkt dat mensen er niet om lachen, dan stopt hij. Maar als ze wél lachen, dan gaat-ie er nog even overheen. Vaak komt hij dan met een soort drietrapsraket. Een grap, nóg een grap en daarna een derde er overheen. Dat is onweerstaanbaar.'

‘Ik heb René zien opkomen, maar ik heb ook zijn neergang als voetballer van dichtbij meegemaakt. Als jonge verslaggever van VI moest ik hem in zijn nadagen interviewen. Dat vond ik een pijnlijke ervaring. Het was toch mijn jeugdidool. Maar ik weet nog dat we samen naar het stadion van SVV reden. Mocht hij meetrainen om een contractje te verdienen. Dick Advocaat was trainer. Ik herinner me een wedstrijdje op Laag Zestienhoven, in Rotterdam. René was lichtgeblesseerd. Hij bakte er niets van. Dat was niet prettig om te zien. Ik vond het ontluisterend, omdat je gelijk zag: dit komt nooit meer goed. Hij was nog geen dertig jaar. Toen was het op.’

65. Einde

-Hoe kijk je zelf eigenlijk terug op het einde van je loopbaan?

'Mijn vertrek naar Zwitserland heeft mijn carrière natuurlijk geen goed gedaan. Financieel was het wel een aantrekkelijke gebeurtenis. Maar sportief betekende het eigenlijk het begin van het einde. Qua voetbal stelde het gewoon allemaal niet veel voor. Skiën, ijshockey, daar werden die Zwitsers vrolijk van. Maar voetballen kwam op de vierde, vijfde plek. Thuis, in Neuchâtel, speelden we met Xamax meestal voor een man of 14.000. Maar uit zaten er soms maar tachtig betalende toeschouwers. Bij Bellinzona, of dat soort kutclubjes. Er liepen grote sterren rond in die competitie, Iván Zamorano en Marco Tardelli bij Sankt Gallen bijvoorbeeld, maar die mannen waren allemaal in hun nadagen. Ik niet. Ik was 27 jaar.'

-En je gedroeg je als een puber.

'Soms wel ja. Ik had moeite het Zwitserse voetbal serieus te nemen. Het was ook echt een laag niveau. Soms kwam mijn vriend Maarten Spanjer op bezoek. Dan speelde ik bijvoorbeeld tegen Lausanne uit. "Hoe laat is die wedstrijd afgelopen?", vroeg Maarten dan, "hoe laat kunnen we de stad in?" Nou, dan sprak ik gewoon met hem af dat ik zo snel mogelijk zou scoren en daarna net zou doen alsof ik iets verrekt had. En dat gebeurde dan ook. Ik joeg die bal erin, greep naar mijn hamstring en liep het veld af. Maarten zat dan op de tribune al naar me te zwaaien. Wij in de auto naar Aarau. Ze moesten in Lausanne nog aan de tweede helft beginnen, als wij al op een terrasje aan een pizza zaten. Dat soort dingen deed ik. Achteraf niet zo slim natuurlijk.'

-Waarom deed je het dan?

'Ik dacht er niet bij na. Ik was daar ook voor de verkeerde reden. Geld. Maar ja, Zwitserland was in die jaren heel aantrekkelijk. Ik verdiende er 500.000 gulden netto. Bij PSV kreeg ik 120.000 gulden bruto. Zelfs Kees Ploegsma, toen de manager bij PSV, zei toen tegen me: "René, als ik jou was zou ik dit doen, want zo'n bedrag verdien je bij ons in nog geen vijf jaar." Toen heb ik getekend. Maar achteraf gezien is dat niet zo slim geweest. Ik had bij PSV moeten blijven.'

-Waarom?

'Ik had er dat seizoen twintig ingeschoten, als rechtsbuiten. En ik geloof achttien assists. Normaal gesproken kun je dan wel een verbeterde aanbieding tekenen. Maar ik had me onmogelijk gemaakt bij die club, en in de kleedkamer. Het was precies in de periode dat Ruud Gullit een breuk met PSV aan het forceren was. Ik koos altijd zijn kant. Zo kwamen wij samen een beetje buiten de groep te staan. Ruud wilde dat en vertrok al snel naar Milaan. Maar ik moest toen ook wel weg. Er was voor mij geen toekomst meer in Eindhoven. Eigen schuld.'

-Je was liever gebleven?

'Achteraf denk ik dat dat het best was geweest. Ik had mijn loopbaan bij PSV moeten afsluiten. Als dat was gebeurd, zou ik daar heel tevreden mee zijn geweest. Het was net het begin van de gouden jaren. Dan had je bijna wekelijks tegen ploegen gespeeld waarvan je bij voorbaat al wist dat je veel beter was. Dat is lekker.'

-Toch een beetje spijt?

'Nee hoor.'

-Dan had je ook de Europa Cup 1 gewonnen en misschien meegegaan naar het EK'88.

'Ja. Nu niet.'

-Nee. Nu zat je een pizza te eten met Maarten Spanjer in Aarau.

'Ja. Was ook leuk. Had ik ook niet willen missen.'

66. 'Er was en er is geen weg meer terug'

De reportage die Hugo Borst begin jaren negentig met de verloren zoon René van der Gijp maakte, is bewaard gebleven. De lezer volgt het jonge duo op zoek naar een toekomst voor de controversiële voetballer. Het is geen gemakkelijke opgave. Van der Gijp heeft geen club, geen inkomsten en geen wedstrijdritme. Bovendien is hij geblesseerd, een souvenir van een bezoek aan Schotland. Hij doorliep er een oefenstage bij een club, waarvan hij allang de naam is vergeten. Het werd een totale mislukking.

Hij noemt het 'een triest verhaal in een triest land', en vertelt over zijn aankomst in Glasgow, dat er niemand was om hem op te halen, de volgende dag een autorit van vijf uur richting een of ander krakkemikkig stadionnetje en dan dat moment halverwege de eerste helft. Hij wil een bal binnenhouden, zijn enkel klapt dubbel en op de tribune kan het handjevol toeschouwers de gewrichten horen kraken. 'Drie bobby's applaudisseerden toen ik het veld af strompelde', zegt hij tegen Borst. 'Als je nou in Camp Nou op zo'n manier het veld moet verlaten, dan vergoedt dat nog wat. Maar daar… Wat 'n narigheid allemaal.'

Het zijn de jaren negentig. Een andere tijd. De man die er ooit zo trots op was dat hij drie keer moest steken voordat hij met zijn Porsche de straat van zijn ouders in kon rijden, verplaatst zich nu in een Honda Civic, voor een gering bedrag ter beschikking gesteld door autodealer en voetballiefhebber John van Dijk.

Wat opvalt: ook dan al onderkent Van der Gijp dat er altijd een verwachtingspatroon rond hem heerst. Als Borst heeft vastgesteld dat de voetballer bij sommige mensen het imago heeft van een profiteur en een zakkenvuller, maar in werkelijkheid zelf juist door diezelfde mensen is geëxploiteerd, zegt Van der Gijp: 'Ik heb ze allemaal meegemaakt, die feesten en partijen. Acht uur begon 't. Ik nam me voor rustig te blijven. Maar om kwart voor negen gebeurde er nog steeds niets. Ik zag ze naar me kijken. Had ik mijn mond gehouden dan waren ze om tien uur met een chagrijnig gezicht naar huis gegaan. Ik deed m'n mond dan toch open omdat ik het leuk vind dat mensen om die sterke verhalen gruwelijk moeten lachen. Maar ik weet zeker dat al iedereen bij het naar huis gaan in de auto zei: die is gek. Begrijp je? Er was en er is geen weg meer terug. Het is geen dilemma of zo, want ik ben blij als ik mensen kan vermaken. Ik word gebruikt, maar ik voel me niet gebruikt, begrijp je?'

Wat volgen zijn een paar wonderlijke dagen, die Borst nooit meer is vergeten. Hij is erbij wanneer Van der Gijp op een doordeweekse avond om zeven uur met SVV 2 tegen vierdeklasser Germinal speelt, een wedstrijd op een achterafveldje die de oud-international al na twintig minuten voor gezien moet houden: wéér enkelproblemen. Hij loopt mee tijdens de eindeloze rondjes door het Kralingse Bos, waar Van der Gijp ('mijn lichaam is niet berekend op hardlopen. Dit is geen ontspanning meer') tot zijn eigen schande regelmatig wordt ingehaald door veteranen. 'Dat vind ik echt vernederend', zegt Van der Gijp daarover, 'je bent een doelwit voor elke recreatieloper.'

Borst beschrijft een ruzie met vriend Mario Been en peilt ook even de stemming thuis, waar de voetballer en zijn jonge gezin proberen de moed erin te houden. Hij schrijft: 'Jacqueline van der Gijp vindt de situatie uitzichtloos. René loopt haar in de weg. Hij brengt geen geld in, terwijl dat wel zo hoort. Ze probeert haar humeur voor bezoekers te camoufleren, maar overtuigend doet ze dat niet. Als ze de deur uit is, beschuldigt René van der Gijp zichzelf. 'Het is niet makkelijk leven met me. Ik ben ongeregeld, schuif de vervelende dingen voor me uit. Jacqie is juist heel punctueel en zorgzaam. In die zin ben ik wel egoïstisch, hoewel ik heel goed voor mijn vrouw en kind ben. Maar ik ben iemand die zorgen uit de weg gaat. Ik hou niet van problemen. Ik kan niet tegen gezeik. Als er ergens spanning is, ga ik die uit de weg. Ik wil leuke dingen meemaken. Ik denk altijd: ik moet 't naar m'n zin hebben. Jacqie en ik respecteren elkaar. Dat is het belangrijkst. Ze zou 't liefst hebben dat ik bepaalde dingen verander, maar ze respecteert dat ik blijf wie ik ben. Zorgeloos, zo lang als het kan.'

Maar op het einde van een vreemde week, als er is gelachen, gedronken, gemasseerd en getraind, openbaart zich toch iets wat op ontgoocheling lijkt. 'Ik wil niet sentimenteel doen', zegt Van der Gijp dan, 'maar zoals nu – ik zit zonder club. Er belt geen mens op. Dan merk je dat de voetbalwereld leeg is. Dat niemand je belt hoe het met je gaat. Of ze doen strontvervelend, zoals Been. Voetballers zijn zo verschrikkelijk met zichzelf ingenomen.' En: 'Iedereen beschermt zichzelf. Ik ben 'n beetje vrij. Ook al stond ik ernaast, dan dacht ik niet: die gozer op mijn plaats moet zijn been maar eens breken. Eigenlijk is het mijn wereldje niet. Of ik nou straks in december stop of over drie jaar. Ik weet zeker dat ze mij niet meer terugzien in de voetballerij.'

Ruim 22 jaar nadat ze samen door het Kralingse Bos holden, zegt Borst: 'Ik vond het heel confronterend om René van der Gijp, het natuurtalent, zo te zien. Het was over. Hij was twintig procent van zijn snelheid kwijt. En hij had er ook niet echt voor geleefd. Maar wat moet je doen als je geen acties meer hebt? Werken. Maar dat is nooit zijn sterkste kant geweest. René had in zijn nadagen ook nog de pech dat het voetbal was geëvolueerd. Eigenlijk was zijn type speler al bijna uitgestorven. En tegenwoordig bestaatie al helemaal niet meer. Zelfs Messi is méér dan een momentenvoetballer. Die werkt ook gewoon hard mee, omdat dat van hem verwacht wordt. En dat is de beste voetballer ter wereld. Maar René heeft verder nooit aan het spel deelgenomen, behalve wanneer hij de bal kreeg. Hij moest eerst aangespeeld worden, dan gebeurde er pas iets. Eerder niet.'

'Zo is hij als voetbalanalist ook. Hij heeft geniale momenten. Ik vind het fantastisch hoe hij zich op televisie heeft ontwikkeld. Alleen al zijn voorbereiding vind ik klasse. Hij ziet alles en heeft vaak heel scherpe observaties. René komt soms met dingen die je zelf tijdens de wedstrijd over het hoofd hebt gezien. Dat is knap. Je kunt merken dat hij kijkt met het oog van de ex-topvoetballer. Niet van de ex-voetballer, maar ex-topvoetballer. Dat is een verschil. Als Marc van Hintum iets zegt, heb ik zelden dat ik rechtop in de bank ga zitten. Bij René gebeurt dat wel. Vooral als hij met bijzondere details komt, verbaast hij me. Als speler presenteerde hij zich altijd als de eenling, maar hij wist dus kennelijk dondersgoed wat er om hem heen gebeurde. Hij heeft alles gezien. Maar hij ontrok zich er gewoon aan.'

'Ik zie wel raakvlakken tussen mijn eigen situatie en die van René. De hype die René overspoelde na het WK in Zuid-Afrika, die had ik in 2003. Ik ging vanaf het begin als een komeet. Daar heb ik ook erg van genoten. Maar vanaf

2006 werd dat gevoel steeds minder. Misschien heeft René dat ook gehad. Het is in het begin natuurlijk ook gewoon lekker, succes op televisie. Dan geniet je van alles. Van hoe je ego wordt gevoed. Dat mensen zeggen dat je een uniek figuur bent, alleen maar omdat je durft te zeggen wat je denkt. Wat op zich natuurlijk al heel vreemd is. Maar als je niet uitkijkt ga je zelf ook nog geloven dat je een tv-persoonlijkheid bent.'

'Televisie verandert een mens, maar vooral een mensenleven. En daar kan ik niet zo goed tegen. Net als René ben ik een beetje een controlfreak. Ik zei op televisie graag waar het op stond, maar de gevolgen daarvan konden me al snel gestolen worden. Ik ben me rot geschrokken toen ik merkte wat het betekent om bekend te zijn. Omdat ik meer dan één kant heb. Ik ben net zo aimabel als kritisch, net zo warm als vals. Met andere woorden: ik heb veel componenten. Maar op televisie is vaak het evenwicht zoek en wordt snel één kant van iemand uitvergroot. Televisie is een machtig medium. Ik heb gemerkt dat ik er te gevoelig, of te overgevoelig, voor ben. En René is ook een gevoelige jongen, veel gevoeliger dan wij misschien wel denken. Daarom kan ik niet zeggen dat ik helemaal verbaasd was over zijn inzinking. Vergis je niet: de aandacht kan je naar de keel grijpen. Bij René is dat volgens mij gebeurd. Want hij heeft natuurlijk wel graag publiek, maar er moet wel een hek tussen zitten. Hij creëert nog steeds afstand, hoewel hij het tegenovergestelde uitstraalt. Nogmaals: die jongen zit vol tegenstrijdigheden.'

'Als je lange tijd met succes op televisie verschijnt, ga je het vroeg of laat net iets te belangrijk vinden. Zoiets sluipt erin, dat houdt niemand tegen. Ik verbaas me er niet over als ik hoor dat René in die periode soms onuitstaanbaar kon zijn. Dat zie je bij veel mensen aan de top van hun vak. Dat publieke bestaan trekt een zware wissel op je. Iedereen vindt wat van je, wil wat van je. En het stopt nooit. Dat is vervelend voor iemand die op zoek is naar stilte. Zijn pech is ook dat hij de uitstraling heeft van de jongen van hiernaast. Voordat mensen Johan Derksen op straat aanspreken, denken ze eerst twee keer na. Bij René niet. En dat is vervelend, want hij raakt graag mensen aan, maar zelf wordt hij liever niet aangeraakt.'

67. Plassen

-Gelukkig Nieuwjaar, René.

'Jij ook, ouwe reus.'

-Nog wensen of goede voornemens?

'Nee. Ja, dat mijn gezondheid me niet in de steek laat. Dat is alles. Verder ben ik snel tevreden, hoor. Ik hoef de loterij niet te winnen, Oranje hoeft van mij ook niet per se Europees kampioen te worden. Als ik al wensen heb, dan zijn het heel kleine wensen.'

-Zoals?

'Als je 's ochtends wakker wordt, dat je dan kunt plassen.'

68. 'Brammetje heeft het zelf gezegd'

René van der Gijp zegt nooit zijn naam wanneer hij de telefoon opneemt. Ook niet wanneer hij zelf belt trouwens. Hij begint altijd gewoon te praten.

'Ja, weet je...'

-Hallo?

'Ik bedoel: kom op hé...'

-Ah, René.

'Weet je, er gebeuren rare dingen met me.'

Hij klinkt anders dan anders, gehaast bijna. Hij is al wekenlang onder behandeling van Bram Bakker, de psychiater die is afgestudeerd op paniekaanvallen en zichzelf bij de BN'er Van der Gijp heeft aangeboden. Ze hebben dagelijks contact, meestal per telefoon.

'Opeens ben ik heel hyper. Nu bijvoorbeeld ook. Ik barst opeens van de energie, man. Gisteren begon het al. Ik had gewoon zin om de deur open te doen en heel hard naar buiten te rennen. Brammetje had dat al voorspeld, hoor. Hij zei: je krijgt hele gekke ups and downs. Je bent van te weinig energie naar te veel energie doorgeschoten. Dat hoort bij de medicatie die je gebruikt. Die pil die ik slik moet een spiegel opbouwen. Het zoekt tussen twee uitersten uiteindelijk het midden. En dat duurt even. Dat duurt een week of drie. Ik slik die pillen nu sinds anderhalve week. Ik voel me al veel beter dan eerst. Echt. Zolang ik me nog elke dag beter voel, gaat het goed. Die pillen werken. Dat kan niet anders, want ik heb alle bijwerkingen die in de bijsluiter staan. Moeilijk slapen. Moeilijk naar de wc gaan. Het ene moment hyper zijn en het volgende moment down. Alles. Het slaat dus wel aan, dat spul.

Brammetje zei: je moet wel, zodra je je beter voelt, gelijk weer gaan werken. Ook al voel je je nog hyper. Als het te controleren valt, dan moet je gaan. En dat wil ik ook. Ik heb gisteren voor het eerst helemaal naar de uitzending gekeken. Ik had er opeens wel zin in. Bewonderenswaardig hoe onze vriend met de snor dat programma in zijn eentje draagt. Echt knap. Weet je wat ik ook gedaan heb? Ik ben gisteren met Daniëlle de stad in gegaan. Gewoon, om te testen. Kijken hoe ik me zou houden. Het ging goed. Ik ben in hartje Rotterdam gewoon de Zara in gegaan, man. Mensen waren lief voor me, echt waar. Ze hingen aan me, maar ik vond het helemaal niet erg. Zijn we wat gaan eten, Daan en ik. Niks aan de hand. Toen nog naar een schoenenzaak. Ook allemaal lieve mensjes. Wanneer kom je weer terug, René? We missen je, René! Hoe gaat het, René? Toch wel bijzonder hoor. En weet je wat ik mooi vond? Allemaal zeiden ze: we missen je in het programma, maar we blijven wel kijken. Dat vond ik mooi. Nee, het ging allemaal goed. Ik ben blij dat ik het heb gedaan. Ik ben weer op de terugweg, ik voel het. Ik ben alleen een beetje hyper, nu. Kolere man. Gisteren kwam ik thuis, lekker gegeten met Daantje, niks aan de hand, maar daarna: ik had het gevoel alsof ik een marathon wilde lopen en daarna nog even anderhalf uur fietsen. Toen heb ik Brammetje maar weer even gebeld. Zwakt het wel af, Bram? Ja, zei hij, dit hoort er allemaal bij. Hij belt elke dag, Bram. Ik weet dat jij het verdacht vindt dat hij zo graag in de publiciteit komt, maar voor mij doet hij goed werk. Echt, ik voel me stukken beter. Ik denk dat ik binnen nu en drie weken weer helemaal goed ben. Brammetje heeft het zelf gezegd.'

69. Voetbal

-Voetbal je eigenlijk nog weleens?

'Voetballen? Welnee. Schei eens uit.'

-Waarom niet?

'Nee. Hoe jammer het ook is: dat wil ik mezelf niet meer aandoen. De laatste wedstrijd die ik ooit heb gespeeld, was ergens in de buurt van Nieuwegein, op een veldje langs de snelweg. Ik wilde een bal afschermen en zakte toen door mijn rug, mijn knieën en mijn enkels tegelijk. Zag er niet uit. Toen heb ik me laten wisselen. Ben ik heel stilletjes onder de douche gaan staan en heb ik tegen mezelf gezegd: dit doe ik nooit meer. Ik heb de auto gepakt, ben naar huis gereden en heb die voetbalschoenen in een hoek gegooid. Daar liggen ze nu nog steeds.'

70. 'Je servies blijft tenminste schoon'

Maandag, bijna twaalf uur in de middag. Gisteren is René van der Gijp weer naar het huis van Danielle gegaan. 'De afgelopen weken heb ik bijna dagelijks bij Daantje gegeten. Lekker man. En je servies blijft tenminste schoon.'

Daantje is Daniëlle Sijthoff, zijn vriendin. Er zijn weinig mensen die meer van René van der Gijp houden dan zij, of het moet René van der Gijp zelf zijn natuurlijk. Achttien jaar zijn ze al samen, hoewel ze dus een deel van de tijd apart wonen. Zij is een dochter van de Rotterdamse modekoning Theo Sijthoff, de inmiddels overleden exwielrenner die in zijn gloriejaren minstens zo flamboyant was als zijn latere schoonzoon.

Haar leven speelt zich af op de achtergrond. Ze staat zelden in de publieke belangstelling. Van de media heeft ze sowieso geen hoge pet op. Ze ergert zich al geruime tijd aan het beeld dat door de pers van haar vriend wordt geschetst: dat van de Einzelgänger. Ze herkent daarin niet de man die elke dag met zijn oudste zoon belt, die af en toe op zondagmiddag gezellig soep eet met het hele gezin of lange boswandelingen met de twee honden maakt, die dan door hem regelmatig rosbief en biefstuk worden gevoerd.

Zelf praat René van der Gijp ook zelden in het openbaar over zijn vriendin en zijn kinderen. Vragen daarover worden ontlopen, afgewimpeld of ontmanteld met een snelle grap. Toch was het Daniëlle die hem dag en nacht verzorgde toen hij mentaal aan de grond raakte, nog meer dan ze normaal al doet. 'Natuurlijk', zegt Van der Gijp nu, 'Natuurlijk is Daantje heel belangrijk voor mij geweest. Ik heb ontzettend veel aan haar te danken gehad. Ze heeft gewoon alles voor me gedaan in die periode. Van praten tot aan de dagelijkse boodschapjes toe.'

Hij perst er een lach uit. 'Het is ook voor haar heel prettig dat het nu weer een stuk beter met me gaat. Ik kan er weer om lachen, kan weer relativeren. Ik bedoel: het is hartstikke vervelend geweest hoor, dat meen ik echt. Maar ik weet ook dat er héél veel anderen zijn, die het veel en veel slechter hebben.'

Voor het eerst lijkt hij weer enigszins op de oude René van der Gijp. 'Ik voel me nu weer prima, eerlijk gezegd. Maar ik hou het rustig. Lezingen doe ik nog niet. Achthonderd mensen in een zaaltje waar er eigenlijk maar driehonderd in kunnen. En dan bij een temperatuur van vijftig graden... Nee, effe niet.'

Maar een paar weken later, in een donker en regenachtig Amstelveen, is het toch echt de zwarte Dodge van René van der Gijp die het parkeerterrein van de plaatselijke BMW-dealer komt oprijden. Even later staat de bestuurder in de showroom en schudt de hand van Menno Tamming.

Hij is een van de presentatoren die met René van der Gijp door het land trekt. Specialiteit: hem op het podium van pasklare voorzetjes voorzien.

Boven, op de eerste verdieping vol glanzende auto's, luistert het personeel nu naar een saai verhaal over verkoopcijfers. Om hen de moed niet helemaal in de schoenen te laten zakken, is René van der Gijp voor vanavond geboekt. Het is de bedoeling dat hij de boel straks een beetje opvrolijkt.

Het is een nogal ironische situatie, maar Van der Gijp heeft het zelf zo gewild. 'Het is gewoon een test', had hij een paar dagen eerder in Den Haag gezegd, toen hij tijdens een Indische rijsttafel met zijn vrienden z'n eerste lezing sinds maanden had aangekondigd. 'Stelt niks voor. Gewoon even warmdraaien voordat ik weer op televisie ga.'

Die avond, in het Haagse restaurant Poentjak, tussen grote schalen saté en nasi koening door, zijn het voornamelijk Maarten Spanjer en Rob Jansen die aan het woord zijn. Van der Gijp luistert vooral. Pas wanneer de rijsttafel is afgeruimd en de vrienden aan de koffie zitten, zal hij vertellen waarom. 'Ik wilde eens kijken of ik de gesprekken allemaal goed kon volgen. De laatste keer dat ik in een restaurant met mensen aan tafel zat, was ik binnen twintig minuten de draad kwijt. Maar vanavond niet. Het ging eigenlijk prima.'

Zonder dat ze het wisten hebben zijn vrienden even voor stand-in van Johan Derksen en Wilfred Genee gespeeld. Ze deden het graag.

'Ik ben nooit depressief geweest. Bram Bakker zei: mensen die depressief zijn gaan zes maanden in bed liggen. Dat heb ik nooit gedaan. Het was eerder andersom. Ik ben juist gelijk gaan trainen, terwijl ik eigenlijk ook beter medicijnen had kunnen slikken. Brammetje wist niet wat hij hoorde toen ik zei dat ik nog nooit méér had ingenomen dan een vitamine bruistablet. "Waarom ben je door een hel gegaan, terwijl dat helemaal niet hoeft?", vroeg-ie. Maar ik hou niet van pillen. Bah. Nu slik ik wel medicijnen trouwens. Die helpen tegen paniekaanvallen. Bram wist gelijk wat hij moest voorschrijven. Had-ie nog geen minuut voor nodig. Toen ik zei waar ik last van had, zei hij: "Jij bent deels slachtoffer geworden van de omstandigheden, waarin er zo veel druk op je kwam te staan dat de boel uit de rails liep. En deels zijn je problemen genetisch bepaald." Ik vond het wel logisch klinken', zegt Van der Gijp. 'Daardoor ging ik zo raar doen.'

'Je was een vervelend ventje', zegt Rob Jansen, 'op het eind sprak je alleen nog maar over jezelf.'

'Ik dacht op een gegeven moment ook: René, ga jij maar lekker in je sauna zitten', zegt Maarten Spanjer, 'want dit schiet niet op zo.'

Het is laat en het restaurant is helemaal leeg. Echt zo'n situatie waarin vrienden eerlijk tegen elkaar kunnen zijn.

'Dat genetisch bepaalde, daar heb ik nog weleens over nagedacht', zegt Van der Gijp. 'Waarschijnlijk had een van mijn ouders er dus ook last van.' Niet voor het eerst de afgelopen maanden neemt hij zijn vader als voorbeeld. 'Mijn vader was maar klein, maar hij heeft alles uit dat kleine lichaampje geperst, echt alles wat erin zat. Zo was die man. Op zijn 75[ste], toen zijn gezondheid al behoorlijk te wensen overliet, bouwde hij nog een krachthonk in de tuin. Ging-ie met van die gewichten in de weer.' Hij wil maar zeggen: er is geen groter verschil denkbaar tussen Van der Gijp senior en junior. 'Ik weet ook zeker dat mijn vader zijn hele leven lang met verbijstering naar mij heeft gekeken. We waren zó anders. Hij maakte zich overal druk over, ik nergens. Zes jaar lang heeft hij zich zorgen gemaakt over hoe het nou moest als onderweg de accu van zijn scootmobiel een keer zou opraken en hij stil zou komen te staan. *Ja pa*, zei ik dan, *maar voor hetzelfde geld blijft dat ding het gewoon doen. Dan heb je je zes jaar lang druk gemaakt voor niks*. En dat was trouwens ook zo. Dat ding is nooit gestopt. Maar elke keer wanneer hij achter dat stuurtje ging zitten, maakte hij zich toch weer zorgen.'

Van der Gijp heeft al eerder vergelijkbare anekdotes verteld. Altijd dienden ze juist om het verschil tussen hem en zijn vader te duiden. Maar nu krijgt het verhaal opeens een andere wending. Na het gesprek met Bram Bakker is er een andere conclusie. 'Kennelijk heb ik daar dus toch ook iets van meegekregen, van dat paniekerige', zei hij tussen twee happen kipsaté door. 'Ik heb dat waarschijnlijk van mijn vader. Tot nu toe heb ik dat altijd kunnen handelen, maar nu ging dat even niet meer. Er was niet meer tegen te vechten.'

In de BMW-showroom, op de eerste verdieping, is de laatste spreker inmiddels aan het afronden. Menno Tamming zal binnen enkele ogenblikken de microfoon krijgen overhandigd voor de introductie van dé verrassing van de avond. Die verrassing staat halverwege een wenteltrap, net uit het zicht van het publiek, friemelt wat aan het knoopje van zijn overhemd en wacht tot zijn naam wordt genoemd. Het is geen toeval dat hij deze locatie heeft gekozen voor een zelf georganiseerde test. Dit is vertrouwd terrein. Van der Gijp heeft hier al eerder een lezing gegeven en bovendien is de situatie overzichtelijk. Er zit hooguit een man of tachtig in de zaal, er is geen pers aanwezig en de temperatuur is aangenaam, niet te warm, niet te koud. Zo ontspannen mogelijk neemt René van der Gijp ook de laatste treden van de trap en zwaait even naar de zaal, wanneer hij onder een enthousiast applaus richting microfoon loopt. Het is zijn eerste confrontatie met een publiek sinds maanden. Als dit mislukt, is de kans dat hij deze week in Hilversum komt opdraven minimaal.

'Je bent het toch wel echt, hè?', vraagt Tamming, 'je bent niet Carlo Boszhard, toch?' Van der Gijp schudt zijn hoofd. 'Nee, ik ben het echt zelf.' Dan vertelt hij de zaal over de gebeurtenissen van de afgelopen maanden. 'Het is heel gek om als zogenaamde BN'er ziek te zijn. Omdat iedereen het weet. Zodra je de stad in gaat, maak je de gekste dingen mee. Mensen worden heel openhartig, bijna vrijpostig tegen je. Sta je bij de Hema in de rij voor broodjes, tikt er iemand op je rug. Een wildvreemde man. "Ha René. Zeg, ik heb alvleesklierkanker, niks meer aan te doen. De doktoren geven me nog een paar maanden. Maar zeg eens, hoe is het nou met jou?"

De eerste lach van de avond.

'Ik kreeg een brief van een wildvreemde mevrouw uit Portugal. Acht kantjes. Ze woonde met een man aan het strand. Ze nodigden mij uit voor een vakantie, bij he n in huis. Er was al een heel programma gemaakt. Die man zou mij mee uit wandelen nemen, elke ochtend zwemmen in het zwembad, we zouden naar zee gaan, een stukje fietsen, karten, de hele bende. Heel aardig bedoeld, maar ik heb toch maar een briefje laten sturen dat ik het aanbod aan me voorbij wilde laten gaan. En wat denk je?'

‘Nou?’, zegt Tamming.

‘Ja, boos! Ik zweer het je: bóós dat die mensen waren. Dat is ook zo vervelend van dat ziek zijn: het zijn altijd wildvreemden uit Portugal die je briefjes sturen. Maar van de Mayfair Club, hoor je niks. Kijk, nodigen die je nu voor een paar daagjes uit… Dat je daar 48 uur in een badjasje aan de bar mag gaan zitten. Ik bedoel: daar knap je nu echt van op.’

De tweede lach van de avond. Het gaat goed.

Tamming geeft Van der Gijp ook alle ruimte om warm te draaien. De ene na de andere klassieker wordt weer opgedist. Over die keer met Oranje in Barcelona, toen hij tussen de dames in Pub 69 aan de bar zat, en hij midden in de nacht het complete sectiebestuur van de KNVB zag binnenkomen. ‘Renze de Vries kwam naar me toe. “René”, zei hij in zijn beste Nederlands, “wij hebben jou niet gezien.” Toen moest ik wel lachen. *Nou*, heb ik toen gezegd, *dat is ook toevallig, want ik heb jullie óók helemaal niet gezien*. Ben ik nog fijn een uurtje blijven zitten.’

Zo komt de sfeer er vanzelf in. Zelfs wanneer hij over zijn ‘vliegende inzinking’ vertelt, is het publiek bereid te lachen. ‘Ik heb op een gegeven moment mijn heil gezocht bij Bram Bakker, de psychiater. Bij het eerste bezoek, ergens in Amsterdam, heb ik gelijk maar vijfentwintig euro in die parkeerautomaat gegooid. Ik dacht: dit zal wel even gaan duren. Hij zal wel helemaal teruggaan naar mijn jeugd, naar het moment dat ik een keer met poten ben overgeslagen of zo. Maar het viel mee. Ik hoefde niet meer bij te vullen.'

In die sfeer gaat het een uurtje door.

Na afloop, tussen de blinkende BMW's, bolt René van der Gijp zijn wangen en laat er wat lucht uit ontsnappen.

Er heeft zich een grote opluchting van hem meester gemaakt.

'Het ging goed', zegt hij. 'Ik ben er weer klaar voor.'

71. Trots

-Ben je eigenlijk trots op je achternaam?

'Tuurlijk wel. Het is toch uniek dat een complete voorhoede van een elftal op het hoogste niveau, grotendeels uit broers bestaat? Ik denk dat dat in de hele wereld nog nooit is voorgekomen. Mooi hoor. Ik heb thuis nog foto's van Feyenoord tegen Emma in De Kuip. Er was nog geen betaald voetbal in Nederland, maar er zaten wel mooi 50.000 mensen op de tribune.'

-Ze waren wel wat hardhandig in het veld, de gebroeders Van der Gijp.

'Ja, wat wil je? Er stonden toen nog niet veertig camera's langs de zijlijn om alles te registreren.'

-Dus?

'Dus maakten ze soms overtredingen waar je nu achttien maanden cel en tbs voor krijgt.'

72. 'En? Is die gozert er al?'

Vrijdagavond op het Media Park. Aan de rand van het parkeerterrein steekt een kromme gestalte tegen de horizon af. Het is Willem van Hanegem. Hij is vanavond te gast bij Voetbal International. 'En?', vraagt hij kort na binnenkomst in de studio. 'Is die gozert er al?' Met 'die gozert' bedoelt Van Hanegem zijn aanstaande tafelgenoot René van der Gijp. Vandaag maakt hij zijn langverwachte rentree. Tenminste, als hij komt opdagen. 'Ik geloof het pas als ik hem hier zie binnenkomen', zegt De Kromme, zelf zijn leven lang al een meester in onverwachte verdwijntrucs. Toch is het even later zover. Johan Derksen staat net op het punt ergens een plek voorw een clandestiene sigaar te gaan zoeken, Van Hanegem kijkt in de hoek van de bank gewoon wat voor zich uit en de redacteuren werken onverschrokken aan hun draaiboek, wanneer opeens de deur opengaat en de verloren zoon binnenstapt. Het meisje van de make-up schrikt er helemaal van. Ze slaat een hand voor haar mond.

'Oortjes?', grijnst Van der Gijp.

Er komt geen reactie. Het meisje weet even niets te zeggen. Ze kijkt hem aan alsof hij een spook is.

'Ga je weer lekker mijn oortjes doen, lieverd? Net als eerst?'

Hij loopt lachend op Johan Derksen en Willem van Hanegem af en begint aan zijn vaste ritueel van handen schudden, gewoon, alsof er nooit iets gebeurd is. Vroeger, in zijn meer recalcitrante jaren, had hij een hekel aan handen schudden. Als speler van Lokeren weigerde hij mee te doen aan de traditie dat iedereen elkaar voor de training op deze manier begroette. Hij vond het aanstellerij en werd liever overgeslagen, wat dan ook al snel gebeurde. Maar nu laat hij met plezier zijn hand in de kolenschop van Van Hanegem verdwijnen. Die schudt eerst zowat zijn arm uit de kom, geeft hem nog een vriendschappelijk duwtje en trommelt hem daarna nog een tijdje vaderlijk op de rug. Het is een mooi gezicht.

Willem van Hanegem en René van der Gijp hebben altijd een haat-liefdeverhouding gehad. Van Hanegem was vroeger kritisch op de voetballer Van der Gijp, omdat hij zag hoeveel talent er in hem zat en hoe sporadisch dat maar aan de oppervlakte kwam. En andersom werd Van der Gijp ook weleens moe van de constante aanmerkingen op zijn mentaliteit, zelfs wanneer die uit de mond van Willem van Hanegem kwamen. 'Hans van Breukelen is ook zo', zei hij daar een keer over. 'Aardige gozer hoor, Hans. Niks mis mee. Maar ik kan hem niet tegenkomen, of hij zegt: "Als jij mijn mentaliteit had gehad, Gijp, dan was je een échte topper geworden." Dan weet ik nooit zo goed wat ik daarop moet zeggen. Ik weet ook wel dat ik er misschien niet alles uit gehaald heb, maar ik was geen Gullit en ook geen Van Basten. Ik was een snelle speler met een hard schot, ik had seizoenen met behoorlijk wat voorzetten en goals, maar er waren er die beter waren. Gewoon, simpel: meer talent. Daar heb ik nooit een punt van gemaakt. En verder kan ik mentaliteit ook niet los zien van de voetballer. Alles heeft met elkaar te maken. Het gekke is dat daar weinig begrip voor is. Ik kan me wel verplaatsten in de gedachtewereld van Hans en al die anderen. Maar gek genoeg werkt dat andersom nooit zo. Ik weet zeker dat Hans niets van mij begrijpt.'

Er waren jaren dat de jonge Van der Gijp niet was weg te slaan uit de buurt van het volksidool Van Hanegem. Hij kwam dan veel bij de familie thuis, waar hij uren aan de keukentafel kon praten met Truus. Ook was hij vaak te vinden op De Bataaf, het tennispark dat de familie Van Hanegem een tijdje in Den Haag exploiteerde. Op oude foto's uit die tijd zie je de twee voetbalverslaafden met rackets en al op het gravel staan, Van der Gijp uiteraard breeduit lachend.

'Twintig jaar geleden maakte ik al eens met hem mee wat René nu ook heeft', zegt Van Hanegem. 'Zo'n inzinking, weet je niet? Dan was-ie bijna niet meer te bereiken ook. Op een gegeven moment ging je je echt zorgen maken. Er zijn meer creatieve spelers die zoiets hebben. Rob Rensenbrink bijvoorbeeld, die had ook altijd per jaar een periode van drie, vier weken dat hij zich opsloot. Onbereikbaar. Dan wilde hij even helemaal geen mensen zien.' Hij zegt dat de plotselinge verdwijning van Van der Gijp hem daarom niet eens verbaasde. 'Vergis je niet in types als Gijp', zegt hij. 'Ze verschuilen zich achter allerlei grappen en grollen, maar je moet proberen daar doorheen te kijken. Dan zie je vaak een heel ander iemand. Geloof me nou. Dit soort gasten is in wezen heel gevoelig.'

Hoewel de voetballer Willem van Hanegem in de jaren tachtig al een dusdanig slecht zicht had dat hij hele wedstrijden op de tast speelde, stuurde hij in die periode zijn auto toch geregeld naar Lokeren, speciaal om René van der Gijp te zien spelen. 'Soms deed-ie er geen klote aan', zegt Van Hanegem. 'was je voor joker naar België gereden. Maar ik heb hem ook heel goede wedstrijden zien spelen, want hij had qua talent in wezen best een belangrijke speler kunnen worden. Hij liet het alleen veel te weinig zien.'

En zo is Willem van Hanegem als vanzelf aanbeland bij zijn stokpaardje, een mening waar veel mensen het mee eens zijn, maar waar bij Van der Gijp zelf soms de rillingen van over zijn lijf lopen. 'Die jongen heeft in zijn leven te weinig tegenslag gehad', zegt Van Hanegem bijvoorbeeld. 'Hij heeft nooit ergens voor hoeven knokken, geen teleurstellingen hoeven te verwerken. Alles is hem altijd aan komen waaien. Andere jongens krijgen op jonge leeftijd al een paar tikken en leren zich zo te weren. Hij niet. Hij verstopt zich het grootste deel van zijn leven al achter allerlei grappen. En dat doet-ie ook goed, ik bedoel: dat kan hij goed. Het publiek houdt echt van hem. Hij heeft iets aanstekelijks. En ik moet zeggen: ik heb ook altijd een zwak voor hem gehad. Zelfs wanneer ik hem erop aansprak dat hij zo weinig met zijn talent deed. Ik probeerde hem uit te leggen dat al die mensen die hij om zich heen verzamelde en die allemaal zo hard om hem lachten, dat dat niet de mensen waren die hem als voetballer beter maakten. Ik vond het zonde om te zien dat hij zo slordig met zijn mogelijkheden omging. Hij was sowieso een aardige speler hoor, daar niet van, maar hij had er nog veel meer uit kunnen halen. Daarom zat ik hem soms achter zijn vodden. Niet dat het hielp trouwens. Als je hem op z'n flikker gaf, werd-ie alleen maar heel erg stil. Vooral als Truus zich ermee ging bemoeien, want die was nog veel strenger voor hem dan ik. Maar dan deed-ie z'n kop schuin, met die lange lok voor zijn gezicht en dan keek-ie je alleen maar met één oog aan. Net zo'n papegaai, weet je niet?'

Om half negen zet de band van Danny Vera de eerste akkoorden in. Op de grote beeldschermen in de studio verschijnen zoals gebruikelijk wat shots van achter de schermen. Wanneer René van der Gijp in beeld komt, breekt er een spontaan applaus los. Het is een warm bad waarin hij terugkeert, het publiek is al bereid te lachen wanneer hij zijn wenkbrauw optrekt. Toch slaagt hij er nog niet helemaal in zijn nervositeit te verbergen.

'Goed, man! Tuurlijk wel!', roept René van der Gijp net iets te hard tegen iedereen die vraagt hoe het met hem is. Maar wanneer hij voor het eerst sinds maanden weer in de oude, vertrouwde make-upstoel plaatsneemt, hoef je maar even naar het gezicht van zijn vriendin Daniëlle te kijken om te weten dat het nog een hele toer was om hem hier te krijgen. Huilbuien en paniekaanvallen zorgden er laat in de middag voor dat er eerst nog voor een kalmerend gesprek met Bram Bakker moest worden gebeld, voordat hij uiteindelijk hier een voet over de drempel durfde te zetten. Onder zijn tong smelt een pil die erger moet voorkomen.

'Als René zich niet helemaal op z'n gemak voelt, gaat-ie druk doen en aan je zitten', had Van Hanegem gezegd, 'let maar op.' En verdomd, de uitzending is nog geen vijf minuten bezig, of de hand van René van der Gijp ligt al op die van Van Hanegem. 'Ik heb veel aan Willem moeten denken', zegt hij dan. Hij legt uit dat hij in een interview heeft gelezen dat Van Hanegem, in de nachten dat die de slaap niet kon vatten, vaak van ellende maar naar een voetbalwedstrijd op televisie ging kijken. Het maakte niet eens zo heel veel uit welke. 'Heb ik ook gedaan. Ik heb vijf, zes weken niet geslapen, dus dan doe je dat. Maar dat is het treurigste dat er is. Ik heb me een partij wedstrijden gezien, dat wil je niet weten. Het is zo droevig. Maar drie uur, half vier is ook te laat om die meisjes met die hoge laarzen langs te laten komen. Filmpjes zijn ook afgelopen. Kim Holland is naar bed. En dan zit je daar. Gotsiemeine. Wat heb ik me een partij treurig gevoeld af en toe.'

Het publiek lacht. Alles lijkt weer bij het oude. Maar na afloop neemt de man die hem het langst kent zijn sigaar uit zijn mond, schudt zijn hoofd en zegt: 'Ik ben blij dat hij weer aan tafel zat, maar eerlijk gezegd: dit was René niet.'

Derksen heeft gelijk.

Het is pas een week later, wanneer de eerste zenuwen zijn overwonnen, dat René van der Gijp weer op zichzelf, of in elk geval op zijn eigen televisiepersoonlijkheid, begint te lijken.

73. Blind

-Jij hebt toch nog de bekerfinale van Zwitserland gespeeld?

'Zeker. Met FC Aarau tegen Grasshoppers. We verloren met 2-1. Dat was in Bern, als ik me niet vergis. Volgens mij heb ik in die wedstrijd nog gescoord ook.'

-Weet je dat niet meer?

'Nee, niet helemaal zeker. Maar ik dacht het wel.'

-Je doet net alsof je tientallen keren in een bekerfinale hebt gescoord.

'Helemaal niet. Ik weet het gewoon niet meer.'

-Wel van genoten?

'Natuurlijk. Het halve dorp was uitgelopen voor ons. Toen we op het grote plein kwamen, stonden er tienduizend mensen op ons te wachten. Terwijl we hadden verloren. Dat is toch lief?'

-Ik hoor je anders nooit over je tijd bij Aarau.

'Ja, maar ik heb er ook maar kort gespeeld.'

-Laat me raden: je kreeg weer eens ruzie met het management of de trainer.

'Ja. Allebei. Maar ik heb het daar wel naar mijn zin gehad hoor. Ik ging af en toe naar Milaan. Dat was een uur of drie rijden. Even naar mijn vriend Ruud kijken.'

-Kwam Ruud ook weleens bij jou kijken?

'Ja hoor. Dat was altijd mooi, als hij dan Aarau kwam binnenrijden. Dat was een dorp, een soort Heerenveen in het klein, waar ze volgens mij nog nooit een neger in het echt hadden gezien. En dan kwam opeens de grote Gullit de hoek om, op dat moment net uitgeroepen tot de allerallerbeste voetballer ter wereld. Had je die gezichten moeten zien!'

-Alsof er een spook kwam aanlopen?

'Zoiets. Ruud is in Aarau ook getuige geweest op mijn huwelijk met Jacqueline. Er zijn nog nooit zo veel fotografen in dat dorp geweest als die dag.'

-Was het eigenlijk een goed team, Aarau?

'Er zaten wel een paar aardige spelers bij. Sforza bijvoorbeeld, die later naar Bayern München en Inter is gegaan. En we hadden de grote Wilfried Hannes in de ploeg, die Duitser. Hij had in het beroemde Borussia Mönchengladbach altijd naast Berti Vogts gespeeld. Goede voetballer hoor, maar dat kan natuurlijk ook niet anders wanneer je in één team met Günter Netzer en Allan Simonsen hebt gespeeld. Een beer van een vent ook, zo'n Hans-Peter Briegel-type. Hij had trouwens maar zicht in één oog, wist je dat? Met zijn rechteroog zag hij niks.'

-Helemaal blind?

'Volledig. En ik wist dat. Daarom passeerde ik hem op de training ook altijd alleen maar aan zijn rechterkant. Dan zag-ie 't niet aankomen, onze Wilfried. Tik, balletje erlangs en dan maar hollen. Lekker man. En Hannes maar vloeken. *Scheisse Gijp!* Heerlijk.'

74. 'Welkom terug, Schele. Ik heb me weer ouderwets het schompes gelachen'

Die dag, op de redactie in Hilversum, wordt de deuropening gevuld door de imposante gestalte van Jan Boskamp. Zuchtend en hoofdschuddend kijkt hij de ruimte rond. Het is nog vroeg, de uitzending begint pas over anderhalf uur, maar de eerste vloek van de avond ontsnapt al uit zijn mond. Het was weer een hel van een autorit geweest. Hij heeft er meer dan vier uur over gedaan om van België naar hier te komen. En dan is hij onderweg niet eens bij het benzinestation gestopt voor z'n geliefde bamihapje.

'Zeg eens?', vraagt Jan Boskamp, die eerst iedereen een hand heeft gegeven, een gewoonte die hij in zijn Brusselse jaren heeft aangeleerd en die sommige redacteuren nu op een paar pijnlijke vingers komt te staan. 'Is dat ventje er al?'

Met 'dat ventje' bedoelt Jan Boskamp zijn tafelgenoot René van der Gijp. Het lijkt wel of Van Hanegem en hij stiekem gerepeteerd hebben.

Het is lang geleden dat de twee elkaar voor het laatst hebben gezien. Kort na Van der Gijps verdwijning, nu bijna vier maanden geleden, had Boskamp nog geprobeerd telefonisch contact te houden met zijn collega. In het begin kreeg hij hem ook nog wel een paar keer aan de lijn en kon hij hem beterschap wensen, maar later bleven de telefoontjes steeds vaker onbeantwoord. Toen begon Jan Boskamp zich serieus zorgen te maken.

'Hij komt toch wel, hè?', vraagt Boskamp, voordat hij zijn bouwvakkerslichaam in beweging brengt en naar het gastenverblijf gaat. Daar ploft hij neer op een bank en drinkt een kopje thee. 'Schitterend om straks die Schele weer te zien', zegt hij handenwrijvend.

Met 'die Schele' bedoelt Jan Boskamp in dit geval René van der Gijp. Hij heeft de vaste gewoonte om iedereen bij een bijnaam te noemen. Dat maakt een gesprek er voor buitenstaanders niet altijd gemakkelijk op. Je moet een tijdje in zijn gezelschap verkeren om erachter te komen dat 'Wimpie' een alias voor Wim Jansen is, niet te verwarren met 'Willem', ook wel 'die Kromme' genaamd, en dat 'die Schele' in dit geval dus René van der Gijp is maar soms ook willekeurig welke andere brildrager, omdat ze allemaal dezelfde bijnaam hebben als Rinus Israel, de bekendste 'Schele', die op zijn beurt weer een berucht duo vormde met 'die Dikke', bij het grote publiek beter bekend als Theo Laseroms. Verder had je dan nog 'die Kale', zoals Boskamp de oud-keeper Eddy Treijtel altijd aanduidt, alsmede 'die Kleine' of gewoon 'Coentje' en 'die Rooie', waarmee dan de voormalig rechtsback Piet

Romeijn wordt bedoeld. 'Die Witte', is trouwens Aad de Mos, maar dat is weer een heel ander verhaal.

Dan gaat plotseling de deur open en is daar de entree van René van der Gijp. Jan Boskamp veert op, gooit er wat krachttermen uit, pakt dan eerst de hand en later de hele arm van Van der Gijp en begint daar eens flink aan te wrikken. Dan geeft hij hem een vriendelijk bedoelde klap tegen zijn achterhoofd en roffelt nog even op zijn buik. 'Dat werd tijd mannetje', zegt hij, 'anders was ik je komen halen.' Al snel worden de twee alweer aangetroffen in een hoekje van de redactieruimte, bekvechtend over de vraag welke speler in het tweede elftal van FC Barcelona nu het meeste talent heeft.

Toen hij eerder die avond door de klapdeuren van de studio kwam, zag René van der Gijp er bleek en gespannen uit. Niet voor niets zouden drie mensen achter elkaar aan hem vragen of het klopte dat hij zo was afgevallen. Maar even later, op zijn vaste stoel, onder het vleiende kunstlicht van de studio en met de draaiende camera's om hem heen, is daar opeens niets meer van te merken. De krampachtigheid van een paar dagen eerder is plotseling verdwenen. Hij lijkt ergens van bevrijd. René van der Gijp heeft op slag weer het losse dat hij als rechtsbuiten ook al had.

'René was een echte momentenvoetballer', had Hugo Borst al gezegd. 'Alles stond stil, tot vlak voor het moment waarop het moest gebeuren. Als voetballer bestond René's bijdrage aan de wedstrijd uit een opeenstapeling van sprints en acties en daarna was er weer een tijdje een complete rust. En eigenlijk ziet zijn leven er nog steeds zo uit. Thuis is er rust en aan tafel bij Voetbal International is er energie.'

'Ik heb altijd het idee gehad dat René als voetballer al op een speciale manier met de mensen op de tribune kon communiceren. Hij keek ze niet aan of zo, maar hij was zich er wel van bewust dat hij niet alleen voetballer was, maar ook een soort artiest. René is iemand vol tegenstrijdigheden. Hij houdt graag afstand tot de buitenwereld, maar hij was toch ook een echte publieksspeler. Als ik aan de jonge René van der Gijp terugdenk, zie ik hem ook in dat prachtige ouderwetse Sparta-shirt schouderophalend op het veld staan, misschien met een iets te overdreven mimiek. René speelde met het publiek, zonder dat hij zich direct tot hen richtte. Toch wist hij altijd de aandacht van begin tot eind vast te houden. Dat is heel knap. Dat is een gave. Het is gewoon een geboren entertainer, die jongen.'

Waarschijnlijk heeft Borst gelijk. De uitzending van Voetbal International is nog maar net bezig, of Van der Gijp windt het studiopubliek alweer moeiteloos om zijn vingers. Het is een dag na Ajax-AZ, de wedstrijd die alleen door kinderen mocht worden bezocht. Met een droogkomisch gezicht meldt René van der Gijp dat hij wel had verwacht dat Lodeiro (1.73 m) zou worden opgesteld. De eerste lach rolt door de studio. Als snel volgen er meer. Het is duidelijk. René van der Gijp is helemaal terug.

Die nacht rijdt hij weer als vanouds over het verlaten asfalt van de A27 richting Dordrecht. Een paar maanden geleden waren dit de momenten waarop hij nog weleens somber kon worden. Nu krijgt hij daar de kans niet voor. Met de donkere contouren van Hilversum-Noord nog in de achteruitkijkspiegel, rinkelt de telefoon al. Het is Jan Boskamp. René van der Gijp herkent hem gelijk. Niet zo moeilijk, want alleen Boskamp heeft een lach die klinkt als een roestige grasmaaier. Wanneer hij weer enigszins op adem is, waaien de eerste woorden in die unieke mix van Vlaams en Rotterdams door de speakers van de zwarte Dodge. 'Welkom terug, Schele', zegt Jan Boskamp dan. 'Ik heb me weer ouderwets het schompes gelachen.'

75. Opgebaard

'Ik was een keer bij PSV-Willem II. Stond ik met Harry van Raaij in de lift.'

-Ja. En?

'We stopten op de eerste etage. Daar heb je de Willy en René van de Kerkhof Lounge. Staat op zo'n deftig bordje, boven de ingang. Ik wijs op die zaal en ik zeg tegen Van Raaij: *Oh, liggen ze daar opgebaard?* Had je die kop moeten zien. "Nee, nee!", riep-ie, "Nee, Willy en René leven nog!" Hij struikelde bijna over zijn eigen woorden. Nou jongen, dan heb ik een wereldavond, als ik zoiets mag meemaken. Meen ik echt.'

76. 'Jan heeft net een hele dromedaris opgegeten'

Een paar weken later. Van der Gijp is helemaal terug in zijn rol. Sterker nog: het is alsof hij nooit is weggeweest. Er wordt ook nauwelijks nog geïnformeerd naar zijn geestelijke gesteldheid. Maandenlang werd de redactie van Voetbal International bestookt met vragen over de toestand en terugkeer van Van der Gijp, maar nu hij eenmaal weer aan tafel zit, lijkt iedereen dat te zijn vergeten. Ogenschijnlijk is alles weer bij het oude. Het merkwaardige leven van René van der Gijp heeft weer zijn oude, vertrouwde gangetje genomen.

Het brengt hem na een tijdje zelfs over de grens, in Brussel om precies te zijn, om daar op uitnodiging van de VRT en Jan Boskamp de Belgische bekerfinale te bezoeken. Die gaat tussen KV Kortrijk en Sporting Lokeren, zijn oude club. Iedereen vindt dat een schitterend toeval, maar René van der Gijp wordt er niet warm of koud van. Hij volgt Lokeren al jaren niet meer en zou niet één speler bij naam kunnen noemen.

Die zaterdagavond glijdt zijn zwarte Mercedes geruisloos over de kasseien van Relegem, een vlekje op de kaart vlakbij Brussel. Daar zit Jan Boskamp al op hem te wachten, aan de eettafel en met het bestek al bijna in de aanslag. Het enige dat ontbreekt is een uitgevouwen servet in zijn boord, maar voor de rest is Boskamp, zoals altijd, klaar om aan te vallen.

Eigenlijk zou er vooraf worden gedineerd in een Italiaans restaurant in Brussel, maar daar was Boskamp toch maar op teruggekomen. Volgens hem was het er 'zo krap als de kolere' en zo warm dat 'je je eigen het schompes zweette ' Bovendien verheugde hij zich ook niet bepaald op flinterdunne carpaccio als voorgerecht. 'Ik wil liever gewoon, normaal eten', had hij gezegd. En daarom zit het gezelschap nu dus hier, op Boskamps vaste stek, in eetcafé Den Ouden Belg.

Soms eet hij hier zes dagen per week. Dat is wanneer zijn vriendin naar haar tweede huis in Frankrijk gaat. Jan Boskamp houdt erg van zijn vriendin, maar hij haat Fransen. Daarom gaat hij liever niet mee en meldt hij zich vrijwel elke dag hier, aan zijn vaste tafel in Den Ouden Belg. 'Beter dan Frankrijk', zegt Boskamp, die inmiddels zijn oog heeft laten vallen op een buitenhuis in Sitges, Spanje. 'Aan het strand. En nog belangrijker: vlak bij Camp Nou.'

'Wat raad je aan?', vraagt Van der Gijp, nadat de menukaart is gebracht. 'Weet ik veel', zeg Boskamp. 'Die Witte zet altijd gewoon iets voor mijn neus. Dat eet ik dan op.'

'Die Witte' blijkt een charmante serveerster met blond haar. Ze moet de hele tijd lachen om Jan Boskamp. Ze brengt hem een biefstuk zo groot als een deurmat. Hij krijgt er automatisch frietjes bij, want Jan Boskamp houdt van friet. Dat weten ze gelukkig bij Den Ouden Belg. Hij hoeft zijn auto maar het parkeerterrein op te sturen, of in de keuken springt de frituurpan al automatisch aan.

Jan Boskamp houdt trouwens ook heel erg van bearnaisesaus. Ook dat is goed te zien. Als De Witte hem een kommetje brengt, vist hij op geroutineerde wijze de lepel eruit en kiepert de inhoud over zijn dampende vlees. Het is alsof hij een cementmolen leegstort. René van der Gijp verslikt zich bijna bij de aanblik.

'Lekker, Witte', zegt Boskamp. Die steekt haar duim op.

De gesprekken aan tafel gaan uiteraard over voetbal en alles en iedereen die daar mee te maken heeft. Meer specifiek over Wimpie, Mariootje, Coentje, Hansie-Hansie en verder over die Dikke, die Schele, die Kale, die Rooie, die Witte, die Kleine en die Kromme. Wie nu precies wie is, wordt niet helemaal duidelijk, maar dat maakt niets uit.

De zon zakt langzaam in de Belgische akkers. Geert De Vlieger, oud-doelman van de nationale ploeg, is ook aangeschoven. Hij vraagt wanneer Van der Gijp precies bij Lokeren heeft gespeeld. Die weet dat niet meer. Net als Jan Boskamp leeft hij niet graag in het verleden.

Na de koffie gaat het in colonne naar het stadion. 'Jan heeft net een hele dromedaris opgegeten', zegt een verbaasde

Van der Gijp achter het stuur. 'Met anderhalve liter bearnaisesaus.' Hij moet bijna de auto aan de kant zetten van het lachen. Hij vindt Boskamp 'een wereldman.'

Op het parkeerterrein van het Koning Boudewijn Stadion wordt Van der Gijp opgewacht door een cameraploeg. 'Welkom in Brussel', zegt de verslaggever. 'Ja, man! Lekker Belgisch bekerfinaletje kijken, hè?', zegt Van der Gijp. Hij krijgt een microfoon opgespeld, een cameraman volgt hem met het fanatisme van een Italiaanse mandekker en op de tribune zijn nog eens twee camera's voor zijn neus gemonteerd. Elk woord wordt opgevangen en vastgelegd, maar dat schijnt Van der Gijp heel weinig uit te maken. Wanneer de donkere scheidsrechter een paar beslissingen neemt waar hij het niet mee eens is, zegt Van der Gijp: 'Die kunnen ze beter alleen op 5 december laten fluiten.' En over het trage tempo op het veld: 'Ik geloof dat Kortrijk denkt dat het over twee wedstrijden gaat.'

Als de finale eenmaal onderweg is, geeft Jan Boskamp zijn buurman af en toe een harde stomp. Hij doet het uit het niets, zonder ogenschijnlijke aanleiding. Daarna begint hij vaak een tijdje onbedaarlijk te lachen. Het is dan net of hij stikt. Ook legt hij regelmatig zijn arm stevig om de nek van Van der Gijp, laat diens hoofd grotendeels in zijn oksel verdwijnen en begint hem dan te knijpen alsof hij een tube tandpasta is. 'Heb je het naar je zin, maat?', vraagt hij op zulke momenten. Of gewoon: 'Hé Schele, zeg eens: vind je het leuk hier?'

Lokeren wint. Na de wedstrijd moet Boskamp plassen. 'Zeg jij even dat Jans gulp openstaat', zegt Van der Gijp, als zijn vriend is teruggekeerd. Er wordt een ritsgebaar gemaakt. 'Kus nou toch m'n kloten!', schreeuwt Boskamp, zijn favoriete uitdrukking, terwijl hij zijn broek sluit. Daarna gaat het naar het veld. Op de sintelbaan botst het gezelschap bijna tegen de bezwete aanvoerder van Lokeren op. Hij heeft de beker van België boven zijn hoofd en roept heel hard 'jaaah!' naar de supporters op de tribune. Die roepen heel hard 'jaah!' terug.

Een oude vrouw met een Lokeren-sjaal huilt. Haar man houdt haar troostend vast. 'Die mensjes zijn blij met het bekertje, hè?', zegt Van der Gijp. Zelf voelt hij geen enkele emotie bij het grootste succes uit de geschiedenis van zijn oude club. Voor de camera's van de VRT wordt hem gevraagd of hij de bekerwinst nog gaat vieren. 'Nou, ik ga straks, op weg naar Dordrecht, nog wel even langs een paaldansvereniging in Dendermonde.' De interviewer kijkt hem niet begrijpend aan. 'Die zitten gewoon langs de snelweg. Een soort Van der Valk-restaurants zijn dat, maar daar hebben ze alleen niets aan.'

Dan is het interview voorbij en gaat René van der Gijp snel weer naar huis. Het is een mooie zaterdagavond geweest, daar niet van, maar in gedachten lonkt zijn eigen, vertrouwde bank alweer. 'Als we opschieten', zegt hij op het winderige parkeerterrein, de autosleutel van de Mercedes al in de aanslag, 'dan zijn we nog net op tijd voor Match of the Day.'

INTERLANDS

Onder contract bij SC Lokeren

22/09/1982 Nederland-Ierland 2-1 (EK-kwalificatie)
Volledige wedstrijd

10/11/1982 Nederland-Frankrijk 1-2 (vriendschappelijk)
In rust ingevallen voor Frank Rijkaard

16/02/1983 Spanje-Nederland 1-0 (EK-kwalificatie)
Volledige wedstrijd

27/04/1983 Nederland-Zweden 0-3 (vriendschappelijk)
Volledige wedstrijd

14/03/1984 Nederland-Denemarken 6-0 (vriendschappelijk)
Volledige wedstrijd, 2 goals waarvan een strafschop

17/10/1984 Nederland-Hongarije 1-2 (WK-kwalificatie)
Volledige wedstrijd

Onder contract bij PSV

14/11/1984 Oostenrijk-Nederland 1-0 (WK-kwalificatie)

In de 33e minuut ingevallen voor Peter Boeve

23/12/1984 Cyprus-Nederland 0-1 (WK-kwalificatie)

In de 77ste minuut vervangen door Ronald Koeman

27/02/1985 Nederland-Cyprus 7-1 (WK-kwalificatie)

In de 77ste minuut ingevallen voor Ruud Gullit

01/05/1985 Nederland-Oostenrijk 1-1 (WK-kwalificatie)

In de 77ste minuut vervangen door Rob de Wit

19/11/1986 Nederland-Polen 0-0 (EK-kwalificatie)

In de 74ste minuut ingevallen voor Simon Tahamata

21/12/1986 Cyprus-Nederland 0-2 (EK-kwalificatie)

Volledige wedstrijd. 'Cyprus heeft de dynamiek van een vrachtwagen', analyseerde Van der Gijp na afloop

21/01/1987 Spanje-Nederland 1-1 (vriendschappelijk)

Volledige wedstrijd

25/03/1987 Nederland-Griekenland 1-1 (EK-kwalificatie)

In de 83ste minuut vervangen door Aron Winter

29/04/1987 Nederland-Hongarije 2-0 (EK-kwalificatie)

In de 79ste minuut ingevallen voor John van 't Schip

PASPOORT

		Competitie		
Seizoen	Club	Duels	Goals	Duels
1978-82	Sparta	83	29	
1982-84	SC Lokeren	66	18	4
1984-87	PSV	83	43	6
1987/88	Xamax Neuchâtel	19	6	4
1988/89	FC Aarau	36	9	2
1989/90	Sparta	17	0	
1990-92	SC Heerenveen	32	6	
Totaal		336	111	16

pa Cup	Super Cup		Totaal	
Goals	Duels	Goals	Duels	Goals
			83	29
3			70	21
1			89	44
3	1	2	24	11
0			38	9
			17	0
			32	6
			0	0
7	1	2	353	120

Colofon

AUTEUR	Michel van Egmond
EINDREDACTIE	Martin Donker
VORMGEVING	Remy Best
DRUK	Koninklijke Wöhrmann
DRUKWERKBEGELEIDING	Geert Gortzak
COÖRDINATIE	Marieke Derksen
STATISTIEKEN	Willem van Beeren
FOTOGRAFIE	Pim Ras (cover), Pieter Stam de Jonge (achterflap)
BEELDBEWERKING	Veronica Litho

Eerste druk: mei 2012
Vijfentwintigste druk: juli 2013

FSC
www.fsc.org
MIX
Papier van verantwoorde herkomst
FSC® C110751

ISBN: 978 90 71359 47 7
NUR: 491

Michel van Egmond

Een avond met Paul Gascoigne

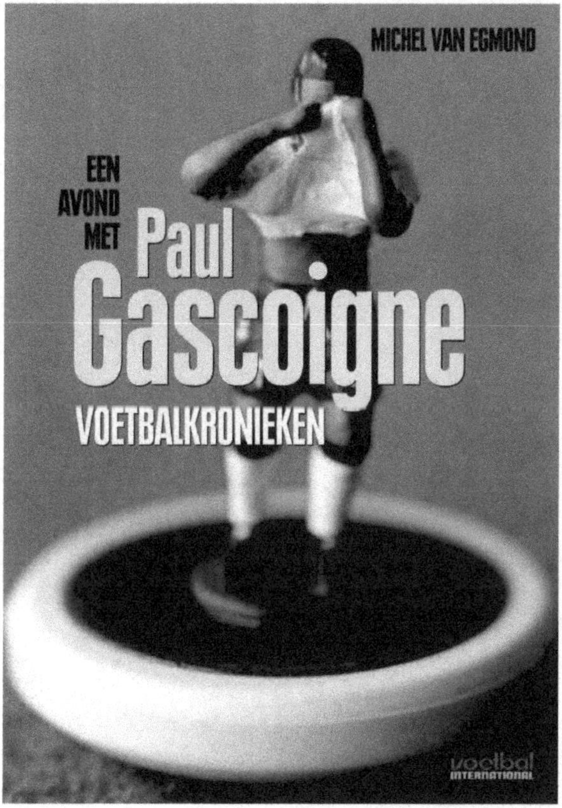

Een avond met Paul Gascoigne is de nieuwste bundel verzamelde columns en reportages van Michel van Egmond, journalist, columnist en tv-maker bij *Voetbal International*.

Als observator pur sang beziet Van Egmond de voetbalwereld net even door een andere bril. Hij heeft een arendsoog voor het curieuze detail, wat ontroerende en hilarische typeringen oplevert. Bijvoorbeeld wanneer hij in Eindhoven een nacht doorbrengt met Louis van Gaal, in Barcelona oog in oog zit met een verlegen Lionel Messi, een middag gaat golfen met Willem van Hanegem, telefoneert met Johan Cruijff of naar Engeland vliegt om daar een hevig transpirerende Paul Gascoigne de hand te schudden.

Auteur: Michel van Egmond

ISBN: 978 90 7135 953 8

Michel van Egmond

Wandelen met Cruijff

Hij is een stilist, loopt al geruime tijd mee in de voetbalwereld en heeft een arendsoog voor het curieuze detail. Van Egmond ziet de schoonheid, de decadentie en de rariteiten van een wereld die niet altijd de zijne is. Slechts zelden is hij venijnig, het liefst is hij toch waarnemer.

Zowel grote sterren als anonieme beoefenaars van het edele balspel passeren de revue. Van een verveelde Cristiano Ronaldo, die in Madrid een supersonische nieuwe voetbalschoen moet promoten, tot Joris Groot Zevert, de Lionel Messi van VIOS 8, uitkomend in de zevende reserveklasse van het amateurvoetbal.

Auteur: Michel van Egmond
ISBN: 978 90 7135 945 3

In 2008 wordt Bert van Marwijk de baas bij Oranje. Hij ontpopt zich als de meest succesvolle bondscoach uit de Nederlandse geschiedenis. Het voorlopige hoogtepunt: het WK 2010 in Zuid-Afrika, al kun je de verloren finale tegen Spanje ook als de grootste beproeving in Van Marwijks trainersloopbaan beschouwen.
Wie is Bert van Marwijk? Uit welk nest komt hij, hoe zag zijn jeugd eruit, waarom haalde hij niet alles uit zijn spelersloopbaan, en bovenal: wat maakt hem tot die buitengewoon succesvolle bondscoach, voor wie heel Nederland een zwak heeft?

In deel één zijn levensverhaal, in het tweede deel een analyse van zijn werkwijze. Met zijn stelling: 'Als je normaal doet, ben je al speciaal' nemen de auteurs van deze biografie geen genoegen.

Auteurs: Hugo Camps, Johan Derksen, Michel van Egmond, Edwin Schoon, Theo Vaessen, Taco van den Velde en Willem Vissers

ISBN: 978 90 71359 460